KB186844

거리에서
비즈니스를
배우다,

한남

거리에서
비즈니스를
배우다,

한남

초판 1쇄 인쇄 2019년 10월 10일
초판 1쇄 발행 2019년 10월 17일

지은이	배명숙
펴낸이	이희철
기획	(주)엔터스코리아 (책쓰기브랜딩스쿨)
편집	김정연
마케팅	임종호
북디자인	디자인홍시
펴낸곳	책이있는풍경

등록	제313-2004-00243호(2004년 10월 19일)
주소	서울시 마포구 월드컵로31길 62(망원동, 1층)
전화	02-394-7830(대)
팩스	02-394-7832
이메일	chekpoong@naver.com
홈페이지	www.chaekpung.com

ISBN	979-11-88041-27-5　03320

값은 뒤표지에 있습니다.
잘못된 책은 바꿔드립니다.

이 도서의 국립중앙도서관 출판시도서목록(CIP)은 서지정보유통지원시스템 홈페이지(http://
seoji.nl.go.kr)와 국가자료공동목록시스템(http://www.nl.go.kr/kolisnet)에서 이용하실 수
있습니다. (CIP제어번호 : CIP2019035431)

거리에서
비즈니스를
배우다,

한남

비즈니스 인사이트 발견을 위한
CEO, 기획자, 마케터 필독서

배명숙 지음

책/이/있/는/풍/경

차례

프롤로그 내가 즐겁고 좋아 보이는 곳에 비즈니스가 있다 __ **8**

Preview 왜 한남동일까? __ **13**

꿈꾸고 제안하면 어디든 연결된다

PART 1 **연결**

블루스퀘어, 연결에는 한계가 없다 __ **34**

신의 한 수, 삼성 네이밍 스폰서

지자체를 내 사업의 파트너로

공연문화, 보기만 할 것인가 즐길 것인가?

예술가들의 마음을 사로잡은 북파크

공익과 비즈니스의 합리적인 접점이 필요하다

용산공예관, 체험하면 사게 된다 __ **55**

기업이 먼저 제안하고, 용산구가 운영하다

보고, 체험하고, 사다

스타 마케팅의 좋은 예를 보여주다

투핸즈, 예술가들이 비즈니스를 한다면? __ **68**

여럿이 손을 잡으면 부담은 줄고 가능성은 커진다

화방카페와 쇼핑몰을 연결해 비즈니스 돌파구를 찾다

공유 오피스, 공간이 아니라 네트워크다

PART 2 플래그십

과시가 아닌 차이가 백 년 기업을 만든다

한남동에 제일 먼저 깃발을 꽂은 패션5 __ 88

태생부터 다른 플래그십 스토어

플래그십의 버전업을 보여주다

패션5의 진화: SPC스퀘어와 SPC플레이

맥심 플랜트, 서재와 오피스를 대체한 카페 __ 107

'사람들이 카페를 찾는 목적이 무엇인가'에 답하다

인스턴트 커피 회사가 카페를 차린 이유

마메야, 커피의 본질인 '원두 맛'에 집중하다

마메야 대표 구니모토 에이치 인터뷰

스페이스 신선, CSR로 브랜드의 격을 차별화하다 __ 132

브랜드를 건물로 시각화하다

나눔의 선순환, 기업문화로 성장하다

써니힐 in 도쿄, 시식+고객감동 공간

명품 회사 루이비통이 선사하는 문화

착한 상품과 의식 있는 소비의 선순환

PART 3 재생

디앤디파트먼트와 프라이탁, 버려지는 것에 가치를 더하다__158
'오래 살아남은 것들'의 플랫폼
디앤디파트먼트 나가오카 겐메이 대표를 만나다
프라이탁, 버려진 재료의 놀라운 변신
옥스팜, 기부를 통해 가치를 되살리다
때로는 기존 브랜드를 활용하는 것도 브랜딩이다

의류 업사이클의 중심에 선 코오롱 래;코드__178
리사이클보다 업사이클!
세상에서 하나뿐인 옷을 소유한다는 것

팬과의 소통과 공감이 곧 경쟁력이다

PART 4 팬심

잃어버린 취향을 되찾는 공간, 현대카드로 그 문을 열다__191
음악과 아날로그 감성이 흐르는 뮤직 라이브러리
바이닐&플라스틱, 체험을 구매로 연결하는 공간
프라이빗한 놀이터의 출입증
취향을 설계하는 곳, 츠타야 vs 현대카드 라이브러리

스타벅스에 열광하는 데는 이유가 있다__217
스타벅스, 문화의 재창조를 추구하다
스타벅스의 보이지 않는 주력 무대, 온라인 마켓
나에게 베푸는 특별한 행복, 스타벅스 리저브

매거진 《B》, 광고는 빼고 차별화된 콘텐츠로 브랜드가 되다__233
매거진 《B》의 산실, 한남동
매거진 《B》의 새로운 패러다임에 열광하다
하나의 브랜드가 된 영국 잡지, 《모노클》

탭퍼블릭, 취향에 따라 골라 먹는 재미에 빠지다__250
술을 문화로 즐기는 사람들을 위한 공간
여행 마니아들에게 더 특별한 브루독

PART 5

제안

다양한 라이프 스타일을 제안하다

사운즈한남, Everything in Life Style__269
다양한 라이프 스타일을 심플하게 즐기다
소유와 공유가 어우러진 라이프 스타일

스틸북스, 새로운 서점 스타일을 선보이다__282
꼭 필요한 책만 골라 스틸북스만의 기준으로 분류하다
라이프 스타일 제안? 스틸북스의 시도는 현재진행형
메종 애슐린에 가면 만날 수 있는 것

디뮤지엄, 주변과의 조화로 완성한 라이프 스타일__298
관람하는 미술에서 소유하는 미술로
디뮤지엄과 리플레이스 한남의 만남
한잔하며 작품을 감상할 수 있는 곳, 구슬모아당구장

예술이 우리 삶 속으로 들어올 때__312
미술품을 소장하며 즐긴다, 프린트 베이커리
아트토이, 내 손으로 직접 작품을 만드는 즐거움
예술의 향기에 흠뻑 빠지는 곳, 뮤지엄 산

책속부록 비즈니스 트립, '어떻게 하느냐'에 따라 결과가 달라진다__325
한남동 지도__335

내가 즐겁고 좋아 보이는 곳에 비즈니스가 있다

"맨날 여행 다니면서 먹고, 마시고, 노는 것 같은데 어떻게 비즈니스까지 잘하지?"

종종 가까운 지인들에게 이런 질문을 받는다. 나는 직업상 여행을 많이 다닌다. 정확하게 말하면 비즈니스 트립이다. 기업인들과 함께 사업 아이템을 찾기 위해 혹은 동종 업계 벤치마킹을 하기 위한 트립을 자주 한다. 그러다 보니 남들 눈에는 재미있게 여행하면서 좋은 것 보고, 맛있는 것 먹으면서 노는 것처럼 보일 수 있고, 사실 또한 그렇다.

흔히 비즈니스 트립이라고 하면 사업자 관점에서 보고, 듣고, 경험해야 한다고 생각하기 쉽다. 물론 비즈니스 트립은 단순히 즐기는 여행이 아니기 때문에 사업자 관점에서 어떤 형태로든 비즈니스에 도움이 될 만한 것들을 찾으려고 노력해야 한다. 하지만 사업자 관점으로만 보아서는 안 된다. 사업자 관점으로 보기 전에 소비자 관점으로도 보아야 한다.

소비자 관점으로 본다는 것은 소비자로서 끌리는 것, 좋아 보이는 것을 본다는 의미이다. 똑같은 음식점이라도 어떤 음식점은 너무 만족스러워 또 오고 싶고, 어떤 음식점은 돈이 아깝다는 생각이 들 수 있다. 미술관이나 서점과 같은 문화공간도 마찬가지다. 더 눈길을 끌고, 기꺼이 지갑을 열게 하는 곳들이 있다.

그렇게 소비자 관점에서 만족스럽고 즐거웠다면 사업자 관점으로 다시 보아야 한다. 소비자 입장에서 좋아 보였던 것들은 얼마든지 사업으로 풀 수 있는 단서를 제공해주기 때문이다. 예를 들어 어떤 음식점에 가서 맛있게 음식을 먹고, 기분이 좋아졌다면 사업자 관점에서 어떻게 구현하면 좋을지를 포착해야 한다. 메뉴 자체가 특별했는지, 음식을 예쁘게 플레이팅한 것이 감동적이었는지, 음식점 분위기가 편안했는지, 직원들의 서비스가 좋았는지 찬찬히 보면서 생각해보면 음식점의 경쟁력이 무엇인지를 알 수 있다.

사업은 결국 소비자들의 호응을 얻지 못하면 성공할 수 없다. 그래서 일차적으로 소비자 관점에서 보는 것이 중요하다. 물론 취향이 무척 독특해 보편적인 소비자들과는 좋아하고 즐기는 것이 다를 수도 있지만 대부분 내가 좋으면 다른 사람들도 좋아하는 경우가 많다. 많은 사람이 좋아하는 것일수록 사업화했을 때 성공할 가능성이 높은 것은 당연하다.

실제로 소비자로서 좋아했던 것을 사업화해 성공한 이들이 많다. '버진그룹' 리처드 브랜슨 회장은 재미를 추구하는 사람으로 유명하다. 수익보다 재미를 중시하며 좋아하는 것들을 사업화했지만 보란 듯이 글로벌 기업으로 성공했다. '공차' 브랜드를 만든 김여진 대표도 남편의 싱가포르 발령으로 그곳에 살게 되면서 공차 음료에 반해서 사업을 성공시킨 경우다. 지금은 브랜드를 매각했지만 소비자로 즐기고 감동받은 것에서 사업이 나올 수 있음을 보여준 좋은 예이다.

그래서 요즘은 무언가를 보면 자동으로 소비자 관점과 사업자 관점을 넘나들며 보게 된다. 하지만 처음부터 그랬던 것은 아니다. 기업 대표님들과 함께 수도 없이 해외로 비즈니스 트립을 했지만 꽤 오랫동안 소비자 관점에서만 보았다. 어쩌면 그때는 나만의 사업을 하겠다는 생각이 없어 더 그랬을 수도 있다. 기업 대표님들이 저마다 각자의 사업에 적용할 무언가를 찾기 위해 눈에 불을 켜고 있을 때, 나는 소비자로서 보고, 먹고, 마시면서 즐기는 데 열중했다.

그렇게 어디를 가든 재미있게 즐겼을 뿐인데, 트립을 한 시간들이 누적되면서 자연스럽게 비즈니스 감각이 생겼다. 함께 트립을 했던 대표님들의 사업분야가 대부분 요식업이었는데, 신기하게도 어느 순간 요식업의 구조와 핵심이 보이기 시작했다. 트립을 하는 도중 나도 모르게 '아, 저건 한국에서도 충분히 사업화할 수 있겠다', '음식점도 이렇게 꾸며놓으니 품격이 높아지네', '주방 구조를 바꾸면 인건비를 줄이고 매출이 훨씬 오를 텐데' 등 사업자 관점에서 할 수 있는 생각들이 떠올랐다.

트립을 거듭할수록 생각은 확신으로 바뀌어 온라인으로 냉동식품을 유통하는 사업을 기획했다. 소비자들의 패턴이 직접 음식점에 가서 먹기보다 온라인으로 주문해 편하게 집에서 먹는 것을 선호하는 쪽으로 바뀌고 있어 승산이 있다고 판단했다. 냉동식품을 선택한 이유는 신선식품의 경우 유통기간이 짧아 보관이 어렵고 재고손실이 많기 때문이다. 사업을 어렵게 할 수 있는 위험요소를 처음부터 다 고려하고 시작한 덕분에 창업 5년 만에 매출액이 200억 원을 바라보는 기업으로 성장할 수 있었다.

당장 사업을 시작할 것이 아니라면 처음에는 소비자로 그냥 즐겨도 괜찮다. 내가 그랬듯이 소비자로서 경험했던 모든 것이 사업자로서의 눈을 키우는 데 다 도움이 된다. 하지만 처음부터 소비자 관점과 사업자 관점으로 보는 연습을 하면 좀 더 빨리 비즈니스 감각을 키울 수 있다.

꼭 큰돈을 들여 해외로 가지 않아도 된다. 우리나라에도 비즈니스 감각을 키울 수 있는 곳들이 많다. 그중 하나가 한남동이다. 국내외 다양한 브랜드들이 자신의 이미지를 극대화시키기 위해 만든 플래그십 스토어가 가득하고, 인사이트를 얻을 수 있는 문화공간들도 많다. 새로운 트렌드를 보여주고, 다양한 라이프 스타일을 경험할 수도 있어 비즈니스 트립을 하기에는 그만이다.

소비자 관점에서 즐기고, 사업자 관점에서 다시 보고 해석하는 방법을 공유하고 싶어 이 책을 썼다. 처음에는 쉽지 않을 수 있지만 반복적으로 두 가지 관점에서 보다 보면 다양한 업종의 서로 다른 비즈니스 구조와 특징이 보일 것이다.

이 책은 '연결', '플래그십', '재생', '팬심', '라이프 스타일 제안' 다섯 가지 키워드를 중심으로 한남동을 구분해 소개했다. 소비자 관점에서 좋았던 것들과 사업자 관점에서 놓쳐서는 안 될 중요한 포인트를 소개했는데, 지면의 한계로 미처 담지 못한 내용들도 많다. 이 책을 길잡이로 한남동을 보면서 저마다의 관점으로 새로운 해석을 해봐도 좋을 것 같다.

책을 읽다 보면 해외 브랜드를 만날 수 있을 것이다. 한남동 트립에 해외 브랜드를 소개한 이유는 사업자 관점을 확대해야 할 필요가 있기 때문이다. 지금도 그렇지만 앞으로는 더 사업이 글로벌화될 것이다. 국내 시장만을 겨냥하는 것이 아니라면 해외의 트렌드와 비슷한 비즈니스 모델이 있는지도 살펴봐야 한다. 일차적으로는 소비자 관점과 사업자 관점에서 트립을 하고, 이차적으로 관점을 해외에까지 확대해보는 연습을 하면 글로벌한 비즈니스 감각을 익힐 수 있다.

한남동은 시작점일 뿐이다. 한남동 이외에도 성수동, 홍대, 종로 등 비즈니스 트립에 적합한 지역들이 많다. 지역마다 한남동과는 또 다른 매력들이 있으니 다양한 경험을 할수록 비즈니스 감각은 풍부해질 수밖에 없다. 이 책을 읽는 모든 독자들이 보고 즐기면서 자신이 원하는 비즈니스를 찾고, 재미있게 일하면서 성공할 수 있기를 응원한다.

왜 한남동일까?

솔직히 나는 한남동에 10여 년 가까이 살면서도 비즈니스 관점에서 볼거리들이 많다는 것을 미처 몰랐다. 그런데 우연한 기회에 해외로 비즈니스 트립을 함께 다녔던 대표님들을 모시고 한남동을 보여드렸는데 너무 신기해했다.

"우리나라에 이런 곳이 있었어? 일본보다 한남동이 낫네."

대표님들의 반응을 보면서 뒤통수를 한 대 맞은 느낌이었다. 그때까지만 해도 비즈니스 트립이라고 하면 무조건 해외로 가야 한다고 생각했다. 우리나라보다 앞선 나라에 가야 새로운 트렌드를 알 수 있고, 배울 점도 많다고 믿었다. 그런데 일본보다 한남동이 낫다니 나로서는 당황스러울 수밖에 없었다.

하지만 생활인으로서가 아닌 비즈니스를 하는 사람으로서 다시 본 한남동은 무척이나 매력적이었다. 다른 어떤 지역보다 문화를 즐기고 인사이트를 얻을 수 있는 곳들도 많고, 새로운 트렌드를 보여주고, 미래지향적인 모습으로 단장한 공간도 많았다. 그러면서도 다양한 라이프 스타일이 공존해 누구라도 살고 싶은 욕구를 불러일으키는 곳이 한남동이다.

　한남동은 양파와도 같은 지역이다. 벗기면 벗길수록 새로운 매력이 드러난다. 아직도 한남동은 더 발전할 여지가 많다. 그만큼 한남동은 현재보다 미래가 더 빛날 지역이란 생각이 든다.

화가 이종기 님의 〈한남동〉

처음엔 몽 생 미셸인 줄 알았는데 자세히 보니 한남동의 유엔빌리지였다. 알고 있다며 스쳐 지나치는 것과 자세히 들여다보는 것은 완전히 다르다. 본 것과 알고 있는 것이 다른 것처럼. 이 책을 읽는 독자들이 한남동의 진면목을 잘 알게 되길 바란다.

한남동에 플래그십 스토어가 많은 이유

기업마다 주력상품이 있다. 그 주력상품 브랜드를 전면에 내세워 브랜드의 성격과 이미지를 극대화시킨 매장을 '플래그십 스토어'라고 한다. 한남동에는 기업들이 자사 특정 브랜드를 홍보하고 더 나아가 다른 브랜드에도 좋은 이미지를 주기 위해 만든 수많은 플래그십 스토어가 있다. 파리바게트와 파리크라상으로 유명한 SPC그룹이 만든 '패션5', 매일유업 지주사인 매일홀딩스의 '폴 바셋', 신선설농탕이 만든 '스페이스 신선', 동서식품의 대표 브랜드 맥심의 '맥심 플랜트' 모두 한남동에 자리를 잡은 플래그십 스토어다.

커피와 베이커리뿐만 아니라 패션 분야의 플래그십 스토어도 많다. 여성 의류 브랜드인 '구호', 컨템포러리 브랜드 '띠어리', 일본 의류 브랜드 '꼼데가르송', 럭셔리 브랜드 '밀란 로랭' 등 내로라하는 유명 패션 브랜드는 대부분 한남동에 플래그십 스토어를 열었다. 삼성의 패션 디자이너 브랜드만을 모아놓은 편집숍 '비이커'의 플래그십 스토어도 있다. 이 밖에도 일일이 열거할 수 없을 정도로 많은 분야의 다양한 플래그십 스토어가 즐비하다.

왜 이렇게 한남동에 플래그십 스토어가 많을까? 플래그십 스토어는 많이 팔아 매출을 올리기보다 브랜드 이미지를 극대화시키고 고객을 대상으로 연구하는 랩스토어 기능을 갖춘 매장이다. 그렇다 보니 다른 일반 매장과는 존재 이유가 다르다. 매장 자체의 분위기도 고급스럽고, 매장에서 판매하는 브랜드 상품도 대중적인 것보다

한남동 거리

플래그십 스토어 '꼼데가르송'이 자리한 거리의 입구

최신의 트렌드를 반영한 고급 상품이어서 가격도 비싼 편이다.

예전보다는 브랜드 가치를 인정하고 기꺼이 대가를 지불할 수 있는 사람들이 점점 많아지는 추세다. 한남동은 오래전부터 부자들이 선호하는 지역 중 하나다. 풍수지리학적으로 한남동만큼 좋은 지역이 없다고 알려져 있기도 하고 삼성, 농심 등 이미 성공한 재벌가들이 살면서 한남동은 부촌의 대명사로 불린다. 단순한 부촌이 아니라 문화를 즐기고, 브랜드 가치를 이해하는 사람들이 많은 한남동이기에 기업들이 한남동에 플래그십 스토어를 여는 것은 너무나도 당연해 보인다.

강남도 부촌이지만 강남과 한남동은 또 다르다. 강남은 사람에 치일 정도로 유동인구가 많다. 유동인구가 많을수록 소비가 많이 이루어지는 것은 사실이지만 강남의 소비층은 한남동에 비해 연령대가 낮은 편이고 판매상품 가격도 비교적 낮게 형성되어 있다. 가격대가 너무 높으면 구매를 망설이는 소비자들이 많다.

반면 한남동은 강남에 비해 유동인구는 적지만 상위 20%에 해당하는 소비자들이 대부분이다. 80:20 법칙으로 알려진 파레토 법칙에 의하면, 이 상위 20%의 소비자들이 전체 매출의 80%를 올려준다. 이는 곧 상위 20%가 소비하는 매출과 나머지 80%의 소비자가 올리는 매출이 같다는 얘기다. 그러니 상위 20%의 소비자가 대부분인 한남동에 플래그십 스토어가 많은 것은 자연스러운 일이다.

한남동에는 다양한 국적의 외국인들이 많이 산다. 이태원과 가깝기도 하고, 대사관들이 많은 데다 블루스퀘어 맞은편에 국제학교가 있기 때문에 마치 국제도시 같은 분위기가 난다. 이 또한 플래그십 스토어가 들어서기에 좋은 조건이다. 플래그십 스토어 중에는 해외 시장에 진출하기 전에 승산이 있을지를 테스트하는 역할을 하는 곳들이 많은데, 그만큼 외국인들이 많은 한남동은 매력적일 수밖에 없다.

이처럼 유독 한남동에 플래그십 스토어가 많은 데는 이유가 있다. 한남동이 갖고 있는 매력이 플래그십 스토어를 부르고, 그렇게 생긴 플래그십 스토어는 한남동을 더 핫하고 트렌디한 곳으로 만들어준다. 이런 선순환 구조로 인해 앞으로도 한남동은 플래그십 스토어의 성지 같은 역할을 계속할 것으로 보인다.

한남동에는 경사가 있는 지형이 있어서 건물에서 앞면과 뒷면의 층이 다른 경우가 많다. 예를 들어 앞쪽에서는 1층이, 뒤쪽에서는 지하 4층이 된다. 한남동에서는 이렇게 지형의 단점을 커버한 건축물들을 볼 수 있다.

한남동 패션 거리

삼성이 만든 패션 편집숍 '비이커'

블루스퀘어 맞은편에 있는 서울용산국제학교

한남동에서는 문화가 일상이 된다

국민소득이 3만 불을 넘어서면서 문화를 즐기고 소비하고 싶어
하는 사람들이 많아졌다. 하지만 아직도 일상에서 문화를 즐기기
는 힘들다. 미술관, 공연장, 전시관 등 대표적인 문화공간은 여전히
가까이에 없고, 다양한 문화를 체험할 수 있는 복합문화공간도 일
부러 찾아가야 한다.

언제든 문화에 흠뻑 빠지고 싶을 때 동네 구경 나가듯 가볍게 갈
수 있는 문화공간이 있으면 얼마나 좋을까? 한남동에서는 가능하
다. 우리나라에서 한남동만큼 다양한 문화공간이 있는 지역도 드
물다. 미술관만 해도 리움, 디뮤지엄 같은 대형 미술관부터 구슬모

아당구장, 갤러리조은, 가나아트홀 등 주로 신진 작가들의 작품을 전시하는 미술관까지 다양하다. 미술관은 아니지만 미술작품을 전시하는 갤러리 카페들도 상당히 많다.

기업들이 자신들의 철학을 풀어놓은 문화공간도 다양하다. 특히 블루스퀘어에서 이태원으로 가는 길은 문화의 거리로 손색이 없다. 뮤지컬 공연을 볼 수 있고, 하루 종일 책 속에 있어도 지루하지 않은 블루스퀘어를 시작으로 용산구청과 SPC그룹 파리크라상이 손을 잡고 만든 용산공예관, 신선설농탕이 고객들과 문화를 나누기 위해 만든 스페이스 신선 그리고 현대카드의 야심작 뮤직 라이브러리까지 걸어서 10분이 채 안 되는 거리에 굵직한 문화공간들이 이어져 있다. 모두 하루 종일 머물러도 지루하지 않을 만큼 문화를 녹여내 보는 것만으로도 즐거운 공간들이다. 게다가 직접 문화를 체험할 수 있어 한번 들어가면 꽤 오랜 시간을 머물다 나오게 된다.

꼼데가르송 맞은편에 위치한 르베이지 빌딩. 한남동 곳곳에서는 문화예술적 향취가 풍긴다.

다양한 문화를 여러 방법으로 경험할 수 있는 한남동을 보면 그곳에 살고 싶은 마음이 절로 생긴다. 한남동에서는 문화가 어쩌다 한 번 경험할 수 있는 이벤트가 아닌 언제든 누릴 수 있는 일상이다. 그래서 사람들이 문화가 고플 때 한남동으로 온다. 비록 한남동에 살지는 않지만 오기만 하면 일상처럼 문화를 즐길 수 있어 한남동을 찾는다.

문화는 삶을 풍요롭게 해주지만 비즈니스에도 큰 도움이 된다. 문화를 즐기다 보면 그다음에는 자연스럽게 문화를 소비하고 싶어진다. 기업들이 순수한 마음으로 문화공간을 만들기도 하지만, 심혈을 기울여 멋진 문화공간을 만들어내는 데는 결국 소비를 이끌어내기 위한 목적도 있다. 비즈니스를 하는 사람이라면 문화가 어떻게 소비로 연결되는지를 눈여겨봐야 한다. 그 연결고리를 보는 데도 한남동이 제격이다. 현재의 문화 트렌드를 보면서 비즈니스적인 안목을 키울 수 있으니 한남동을 수시로 찾을 이유가 충분하다.

다양성이 공존하고 개성이 넘친다

한남동은 참 묘한 곳이다. 큰길만 보면 현대적인 감각이 돋보이는 건물들만 있는 것처럼 보인다. 대부분 대형 플래그십 스토어들인데, 저마다 독특한 개성을 뽐내며 사람들의 눈길을 끈다. 하지만 큰길 사이로 난 골목길에 접어들면 풍경이 또 달라진다. 예전에는 평범한 주택이었던 건물들이 예쁘고 감각적인 상가들로 변신해 골목이 무척이나 다채롭다. 큰길에서는 볼 수 없는 아기자기하고 개성 넘치는 상가들이 한남동의 또 다른 매력을 유감없이 보여준다.

한남동 골목이 지금처럼 멋진 모습으로 바뀐 것은 최근 4~5년 사이의 일이다. 한남동 가로수길이라 불리는 블루스퀘어에서 제일기획으로 이어지는 큰길이 지금의 모양새를 갖춘 시기도 비슷하다. 12년 전 제일 먼저 패션5가 들어선 이후 시간차를 두고 블루스퀘어 등이 하나둘씩 자리를 잡았다. 그러다 꼼데가르송이 합류하면서 본격적인 상권이 형성됐다.

한남동 가로수길이 먼저 형성되면서 사이사이 골목길도 변화하기 시작했다. 메인 도로에 상가를 내기 어려운 작은 기업들이 골목길에 있는 주택가에 눈을 돌렸고, 주택 소유자들도 임대료를 받을 목적으로 주택을 빌려주었다. 4~5년 전만 해도 골목에 있는 주택들의 임대료가 비싸지 않았다. 보증금도 쌌고, 권리금도 없어 자본이 넉넉지 않은 작은 기업들에게는 최적의 조건이었다. 주택 소유주 입장에서도 매달 임대료를 받는 데다, 기업들이 평범했던 붉은 벽돌 주택을 멋지게 개조해주니 기꺼이 주택을 내주었다.

한남동 골목에 들어선 매장들은 하나같이 독특한데, 그럴 만한 이유가 있다. 언제부터인가 문화나 예술적 감각이 뛰어난 사람들이 한남동에 터를 잡기 시작했다. 그런 예술가들이 자신의 미적 감각을 발휘해 주택을 개조하고, 카페나 음식점을 하는 사람들도 자기만의 독특한 감성을 담아 붉은 벽돌집을 멋지게 바꾸면서 지금의 독특한 한남동 골목이 만들어졌다.

큰 기업들이 만든 현대적인 건물과 골목 사이사이에 있는 작은 상가들은 서로 다른 매력을 뽐내면서도 조화롭게 어울린다. 큰 건물들이 브랜드 이미지를 극대화하는 플래그십 스토어로, 복합문화공간으로, 대형 미술관으로 한남동의 큰 축을 담당하고 있다면, 작은 건물들은 신진 작가들의 도전과 열정을 품은 공간으로, 작지만 고유한 매력을 지닌 카페나 음식점으로 한남동 구석구석을 빛내준다. 그런 조화가 있어 하루 종일 한남동을 돌아다녀도 지루하지 않다.

한남동에는 다양한 가치와 감성도 공존한다. 블루스퀘어의 VR 체험관과 같은 디지털 공간이 있는가 하면 현대카드 뮤직 라이브러리처럼 아날로그 감성이 넘치는 공간도 있다. 새로운 것을 지향하는 가치가 있는가 하면 디앤디파트먼트 코리아처럼 오래된 것을 소중하게 여기고 재구성하는 가치도 공존한다. 그 어떤 가치도 한남동에서는 통한다. 서로 지향점이 다른 가치도 다 수용할 수 있는 넉넉함이 한남동에 있기 때문이다.

다양성이 공존하는 곳에서는 관점이 확대될 수밖에 없다. 다양성을 접하면 접할수록 관점이 다양해져 그동안 미처 보지 못했던 많은 것을 볼 수 있다. 그래서 한남동이 더욱 매력적이다.

'Everything in Life Style'의 성지, 한남

한남동의 매력을 직접 보고 느낀 사람들은 결국 '아, 이런 곳에서 살고 싶다'고 말한다. 가보고 싶은 곳과 살고 싶은 곳은 또 다르다. 어쩌다 한 번 가면 더없이 좋지만 막상 살려고 하면 생각이 많

한남동이 문화의 메카가 되면서 골목 곳곳의 주택이 상점으로 바뀌는 경우가 많다. 상점들 중에는 인테리어가 돋보이는 곳들이 적지 않다.

상점들의 감각적인 인테리어와 외관의 풍경은 한남동을 걷고 싶은 거리로 만들어간다.

주택을 개조하고 들어선 상가들이 골목의 풍경을 바꾸어놓았다.

아지는 곳들이 있다. 예를 들어 강남 한복판은 자주 놀러 가고 싶은 곳이지만 주거보다는 비즈니스에 더 어울리는 곳이다. 실제로 강남에는 주택보다는 비즈니스를 위한 업무공간들이 많다. 한남동은 다르다. 다양한 문화와 가치가 공존하고, 한남동에 거주하는 구성원도 국적과 인종이 다양하다. 그러면서도 복잡하지 않다. 오히려 한남동이 갖고 있는 다양성이 살고 싶게 만든다.

　주거지로서의 편안함이 있으면서도 조금만 걸어 나가면 다양한 문화와 라이프 스타일을 경험할 수 있는 곳이 한남동이다. 휴일에 일상복 차림으로 운동화를 신고 가볍게 문화를 음미할 수 있는 매력이 있다. 비즈니스 트립 장소로도, 거주지로도 나무랄 데 없는 지역은 그리 많지 않다. 그래서 한남동이 더 주목을 받고, 한남동을 찾는 사람들이 점점 더 많아지는 것이 아닐까 싶다.

PART 1

연결

;

꿈꾸고 제안하면
어디든
연결된다

비즈니스는 '연결'이 중요하다. 함께 일할 사람들과 거래처를 연결하고, 아이디어를 현실화하는 데 필요한 자본과 연결해야 하고, 비즈니스를 할 때 조언을 얻을 수 있는 멘토와의 연결도 필요하다. 1인 기업일 때는 더더욱 외부 파트너들과의 긴밀한 연결이 비즈니스의 승패를 좌우하기도 한다.

보통 비즈니스를 시작할 때 첫 연결고리는 가까운 주변에서부터 찾기 마련이다. 평소 친분이 있던 사람들에게 도움을 요청하거나 함께 일할 것을 제안하고, 자본도 부족하면 부모나 형제, 친척들로부터 투자를 받는 경우가 많다.

하지만 조금만 더 눈을 돌리면 연결을 확대할 방법이 많이 있다. 한남동에는 비즈니스를 꿈꾸거나 하고 있는 사람들이 관심 있게 보아야 할 '연결'이 있다. 그것을 볼 수 있는 곳이 바로 블루스퀘어, 용산공예관, 투핸즈이다.

블루스퀘어와 용산공예관은 이미 많이 알려져 있는 한남동의 문화공간이다. 한남동 초입에 나란히 이어져 있어 블루스퀘어를 본 후 자연스럽게 용산공예관으로 발걸음을 옮기는 사람들이 많다. 하지만 그곳에서 다양한 문화를 즐기고 인사이트를 얻으면서도 블루스퀘어와 용산공예관의 특별한 연결고리는 미처 보지 못한다.

블루스퀘어는 서울시와 인터파크씨어터가 손잡고 만든 복합문화공간이다. 지금은 연결이 끊어졌지만 처음에는 삼성과도 연결고리가 있었다. 용산공예관은 용산구와 SPC그룹이 만든 합작품이다. 둘 다 기업과 지자체(관)가 협력해 비즈니스와 공익 두 마리 토끼를 잡았다는 공통점이 있다. 물론 아직 비즈니스가 계속 성장하는 중이어서 보완해야 할 것들도 많지만 민관이 연결되면 좀 더 다양하고 효과적으로 비즈니스를 할 수 있다는 것을 보여준 좋은 본보기다.

꼭 비즈니스 규모가 있어야만 관과 연결될 수 있는 것이 아니다. 작은 비즈니스는 더욱 연결하기가 쉽다. 요즘에는 국가 차원에서 창업을 지원하는 다양한 제도를 마련해놓았기 때문에 조금만 관심을 갖고 문을 두드리면 얼마든지 연결될 수 있다. 실제로 창업지원 정책들을 잘 활용해 성공한 스타트업들이 수도 없이 많다.

'설마 연결이 되겠어?' 지레짐작하면 안 된다. 멀리 갈 것도 없다. 내가 사는 지자체에만 가도 필요한 도움을 받을 수 있다. 하고 싶은 비즈니스가 있다면 깊이 있게 고민하고 과감하게 찾아가 제안해보는 것이 중요하다. 제안도 해보지 않고 연결이 어려워 비즈니스를 할 수 없다는 것은 핑계에 불과하다.

구체적인 연결 방법을 몰라도 괜찮다. 책을 쓰는 동안 용산구청에 간 적이 있다. 한남동을 소개하는 책이니 용산구청과 연결고리를 갖고 싶었다. 하지만 막상 가보니 어디를 가야 연결이 가능한지를 몰라 1층에서 서성였다. 그 모습을 본 용산구청 직원이 먼저 다가와 도움을 주려고 했다. 직원이 안내해준 대로 홍보과에 갔는데, 기대했던 것보다 더 적극적으로 연결고리를 찾아주었다. 부탁해야 할 줄 알았는데, 먼저 고민하고 기회를 주는 모습에 적잖은 감동을 받았다.

꼭 지자체와의 연결이 아니어도 연결의 원칙은 같다. 거절당할 것을 두려워하지 말고 제안하는 것이 먼저다. 투핸즈는 열 명의 작가들이 공동으로 운영하는 화방이다. 애초부터 서로 알던 사이가 아니었지만 처음에 투핸즈를 기획했던 대표 작가가 다른 작가들에게 제안하면서 연결된 경우다. 제안을 했기에 부담은 줄이면서 효과를 배가시키는 공동 비즈니스 모델을 만들 수 있었다.

비즈니스를 할 때 스스로 연결에 한계를 두어서는 안 된다. 한계를 두는 만큼 비즈니스도 한계가 생긴다. 꿈꾸고 제안하기를 반복하면서 하나씩 연결하다 보면 비즈니스가 구체화되고, 점점 더 성장할 것이다.

블루스퀘어,
연결에는 한계가 없다

블루스퀘어(Blue Square)는 한남동 트립의 시작점과도 같은 곳이다. 한강진역에서 나오자마자 바로 보이기 때문에 지하철을 이용하는 사람이라면 어김없이 이곳에서 한남동 트립을 시작하게 되는 경우가 많다.

블루스퀘어는 그 자체로 훌륭한 복합문화공간이다. 블루스퀘어에 마련된 공연장은 국내 최대 규모로 우리나라 뮤지컬을 대중화하는 데 크게 기여했다는 평가를 받는다. 서점인 북파크 역시 과학·예술 전문서점으로 관련 서적과 함께 정기적으로 과학 강연을 개최해 어려운 과학을 대중화하는 데 힘을 보탰다. 최근에는 가상현실 체험관을 마련해 최첨단 과학기술을 사람들이 즐길 수 있다. 볼거리(뮤지컬), 읽을 거리(서점), 즐길 거리(VR 체험관)를 골고루 갖춘 복합문화공간으로 손색이 없다.

꼭 문화를 즐기지 않더라도 작은 공원처럼 아름다운 블루스퀘어 주변을 돌아보는 재미도 쏠쏠하다. 계절별로 저마다 독특한 분위기가 있고, 블루스퀘어에서 이태원까지 이어지는 길도 매력적이어서 이왕이면 한남동 트립을 블루스퀘어에서부터 시작하는 것도 나쁘지 않다.

확실히 블루스퀘어는 비교적 빨리 복합문화공간으로 자리를 잡고 이름을 떨쳤다. 그 비결은 여러 가지가 있겠지만 뜻을 같이하는 다른 파트너들과의 '연결(협력)'을 빼놓을 수 없다. 블루스퀘어가 만들어지기까지의 과정을 살펴보면 눈에 보이는 파트너뿐만 아니라 눈에 보이지 않는 파트너들이 어떻게 힘을 보탰는지를 알 수 있다.

신의 한 수, 삼성 네이밍 스폰서

혹시 블루스퀘어 건물의 파란색을 보면서 생각나는 기업이 있는지? 다 그런 것은 아니지만 꽤 많은 사람이 '삼성'을 떠올린다. 아마도 삼성을 대표하는 로고의 컬러가 블루스퀘어와 똑같은 파란색이기 때문일 것이다.

지금은 블루스퀘어 어디에서도 '삼성'이라는 글자를 찾아볼 수 없지만 2017년 10월까지만 해도 공연장의 이름이 '삼성전자홀'과 '삼성카드홀'이었다. 이 이름 때문에 한동안 사람들이 블루스퀘어의 주인을 삼성으로 착각하기도 했다.

공연장 이름이 삼성전자홀과 삼성카드홀이었던 이유는 삼성이 블루스퀘어에 '네이밍 스폰서' 역할을 해주었기 때문이다. 지금까지 스폰서라고 하면 주로 물질을 후원하는 형태를 많이 생각했는데, 물질 대신 이름을 후원하는 경우도 많다. 이를 '네이밍 스폰서'라고 하는데, 1926년 미국의 껌 회사인 리글리가 시카고 컵스 경기장을 후원하면서 경기장 이름을 '리글리 필드(Wrigley Field)'로 바꾼 것을 시작으로 지금은 다양한 형태로 네이밍 스폰서가 이루어지고 있다.

네이밍 스폰서도 서로 주고받는 것이 있어야 한다. 인터파크라는 이름도 문화 분야에서는 많이 알려졌지만 인터파크 입장에서는 글로벌 기업 삼성이 이름을 빌려주면 그만큼 처음에 블루스퀘어를 대중들에게 알리기가 쉽다고 생각했을 것이다.

삼성 입장에서는 대중문화예술을 발전시키는 데 힘을 보탰다는 좋은 이미지를 얻을 수 있다. 기업은 이미지가 중요하기 때문에 일부러 돈을 들여서라도 이미지 광고를 한다. 그런데 네이밍 스폰서를 해주면서 블루스퀘어 공연장에 삼성이라는 이름을 넣었으니 삼성 입장에서도 손해는 아니다.

사실 삼성은 이름을 쓸 수 있게 해준 것으로 끝나지 않았다. 초기에 공연 티켓도 많이 후원해주었다. 삼성그룹 임직원은 그 숫자가 엄청나다. 삼성은 임직원들 복지 차원에서 블루스퀘어의 공연문화를 즐길 수 있게 함으로써 실수요자 역할을 하였다. 회사 차원에서는 직원들에게 수준 높은 복지를 제공할 수 있어 좋고, 직원들은 문화를 즐길 수 있어 좋은 모두가 행복한 협력 구조였던 셈이다.

다만 네이밍 스폰서 기간이 5년이었다는 점은 아쉽다. 공연장의 네이밍 스폰서는 20년 정도의 장기 계약이 기본이다. 공연장 이름이 자주 바뀌면 관객들이 혼란스러워할 수 있기 때문이다. 하지만 어떤 이유에서였는지 삼성은 5년간의 계약이 끝나고 더 이상 계약을 연장하지 않았다. 그래서 지금은 삼성전자홀은 '인터파크홀'로, 삼성카드홀은 '아이마켓홀'로 이름이 바뀐 상태다.

삼성이 네이밍 스폰서를 해주면서 블루스퀘어가 초기에 좋은 공연을 유치하고, 뮤지컬 대중화를 앞당길 수 있었던 것을 보면 꼭 내

삼성전자홀(왼쪽)이 인터파크홀로 바뀌었다.

브랜드만을 고집할 필요가 없다는 생각이 든다.

크든, 작든 사업을 하려면 브랜드가 필요하다. 설령 1인 기업이라도 마찬가지다. 회사의 성격을 어떻게 규정하고, 어떤 비즈니스를 할 것인지를 명확하게 정리한 다음 심혈을 기울여 브랜드 이름을 만들어야 한다. 하지만 브랜드 이름을 짓는다고 끝이 아니다. 브랜드가 가치를 가지려면 브랜드를 널리 알려야 하고, 고객들로부터 신뢰를 얻어야 한다. 그 과정이 얼마나 걸릴지 아무도 모른다. 어쩌면 내 평생에는 내가 만든 브랜드가 자리를 잡지 못하고 헤매다 끝날 수도 있다.

브랜드를 만들고 가치를 높이면서 동시에 탄탄한 수익구조를 만들기는 쉽지 않다. 물론 꼭 필요한 과정이고, 이 두 가지가 서로 밀접한 관련이 있기는 하지만 빨리 비즈니스적인 결실을 보기를 원한다면 네이밍 스폰서를 고려해보는 것도 좋다. 예를 들어 오랜 연구 끝에 획기적인 제품을 만들었다고 가정하자. 내 브랜드를 붙여 팔 수도 있지만 사람들은 처음 보는 브랜드를 그리 신뢰하지 않는다. 이때 삼성과 협력해 내 브랜드 앞에 '삼성○○○'와 같이 '삼성'

이라는 이름을 붙인다면 사람들이 제품을 보는 시선이 달라질 수 있다. 이것이 브랜드의 힘이다.

"그렇게 큰 회사가 뭐가 아쉬워서 저한테 네이밍 스폰서를 해줄까요?"

네이밍 스폰서를 원하면서도 지레 이렇게 생각하는 사람들이 많다. 네이밍 스폰서를 구하는 것도 중요한 비즈니스다. 나에게만 도움이 되면 안 되고, 상대방에게도 어떤 이득이 있는지를 설득할 수 있다면 얼마든지 길은 열려 있다.

지자체를 내 사업의 파트너로

삼성이 네이밍 스폰서를 했다는 것 말고도 블루스퀘어에서 놓치지 말아야 할 것이 또 있다. 인터파크는 블루스퀘어에 집중하기 위해 인터파크씨어터라는 회사를 별도로 만들고 서울시에 제안서를 넣었다고 한다. 그 결과 인터파크씨어터가 건물을 짓고 블루스퀘어를 운영하고 있지만, 실질적인 주인은 아니다. 블루스퀘어의 소유권은 서울시가 갖고 있다.

블루스퀘어가 들어선 자리는 예전에 한남면허시험장이었다. 1만826m²에 달하는 꽤 큰 땅이었지만 마땅히 활용할 방법이 없어 고민하던 중 서울시는 '한남동 대중음악 및 공연장 민자유치사업'을 공모했다. 공모 결과 사업자로 선정된 기업이 인터파크씨어터였고, 2009년부터 2011년까지 약 3년간의 공사 끝에 지금의 블루스퀘어를 완성할 수 있었다.

블루스퀘어 외관. 서울시가 땅을 제공하고,
인터파크씨어터가 건물을 지었다.

인터파크씨어터가 블루스퀘어를 완성하는 데 든 비용은 약 600억
원. 큰돈이지만 만약 서울시가 땅을 제공하지 않았다면 2009년 기
준으로 약 300억 원(공시지가 기준)을 훌쩍 넘는 돈을 땅값으로 투자
해야 했다. 불가능한 일은 아니었겠지만 경제적인 부담이 만만치
않았을 것이다.

서울시 입장에서도 직접 문화공연장을 만들기는 부담스러웠을
것이다. 서울시에서 자금을 마련하려면 결국 국민들이 낸 세금에
의지해야 한다. 자칫 잘못하면 혈세를 낭비했다는 비난을 받을 수

있으므로 서울시 입장에서도 잘할 수 있는 기업과 손을 잡는 것이 마땅했다. 삼성과 인터파크씨어터가 그랬듯이 인터파크씨어터와 서울시도 서로 시너지 효과를 낼 수 있다는 판단을 했기에 협력할 수 있었다.

서울시는 땅을 제공하는 대신 인터파크씨어터로부터 매년 토지 사용료를 받는다. 대신 인터파크씨어터는 건물을 지어주고, 서울시로부터 20년간 블루스퀘어를 운영할 수 있는 운영권을 얻었다. 건물을 지었지만 인터파크씨어터는 운영권만 갖고 있고, 블루스퀘어의 소유자는 서울시인 것이다. 이처럼 기업이 건물을 지어 정부에 기부하는 것을 '기부채납'이라 한다.

사실 블루스퀘어는 민관협력 비즈니스 중에서도 규모가 상당히 큰 편이다. 그래서 대기업쯤 되어야 관(정부나 지자체)과 협력할 수 있다고 생각할 수 있지만, 그렇지 않다. 지자체 차원에서 지원하는 비즈니스는 수도 없이 많다. 규모도 아주 작은 것부터 블루스퀘어 규모 만한 것까지 천차만별이다. 관과는 손을 잡기 힘들 것이라 지레짐작하고 가까운 주변만 살피지 말고 범위를 넓힐 필요가 있다. 찾아보면 생각보다 연결할 수 있는 고리들이 많다. 국가 차원에서, 지역 차원에서 저마다 열심히 비즈니스를 구상하고 있기 때문에 정부와의 연결고리를 찾는 것이 어렵지만은 않다. 간절한 마음으로 노력하면 어디 한 군데쯤은 꼭 연결고리가 있기 마련이다.

일자리를 만들고 비즈니스를 돕기 위한 정부와 지자체 차원의 지원정책이 많다. 비즈니스 아이디어가 좋고, 비즈니스를 구체화시킬 수 있는 역량이 있으면 얼마든지 지원받을 수 있다. 지원받을 수 있는 내용도 다양하다. 사무실을 지원해주기도 하고, 필요한 자금을 지원해주고, 사람이 부족하면 사람도 지원해주고, 회계 · 홍보 · 마케팅 등 비즈니스 분야별로 전문가를 연결해주기도 한다.

당장 내 손에 쥔 돈이 없거나 함께할 사람이 없다고 비즈니스가 불가능한 것은 아니다. 진정성이 있다면 어떻게든 부족한 것을 채울 수 있는 연결고리를 만들 수 있다. 특히 서울을 벗어나면 더욱더 연결고리를 찾기 쉬우니 비즈니스를 할 때는 모든 가능성을 열어두어야 한다.

공연문화, 보기만 할 것인가 즐길 것인가?

애초에 블루스퀘어는 서울시와 인터파크씨어터가 일반인들은 다소 거리가 느껴졌던 공연문화를 대중화해 좀 더 많은 사람들이 즐길 수 있도록 한다는 취지에서 만들어졌는데, 적어도 그 취지는 어느 정도 달성한 것으로 보인다. 초기에는 아이돌 출신의 배우를 대거 등용해 대중들의 관심을 끌기도 했고, 네이밍 스폰서 역할을 했던 삼성이 적극적으로 직원들에게 공연을 볼 기회를 제공하면서 공연장은 비교적 빠르게 자리를 잡았다.

하지만 처음에 블루스퀘어는 고객들이 공연 외의 문화를 즐길 수 있도록 하는 배려가 부족했다. 오로지 공연에만 집중했던 것 같다. 지금은 공연을 보러 온 사람들이 가볍게 차를 한잔 마시거나 식사를 할 곳들이 있지만 처음 문을 열었을 때는 먹고 마실 만한 데가 마땅치 않아 사람들이 많이 불편해했다. 블루스퀘어를 찾는 고객

솔로스 키친

들의 편의를 미처 생각하지 못했던 듯하다. 지금은 파스타와 스테이크를 파는 '스테이지 B'와 오리엔탈 푸드 전문점인 '솔로스 키친'이 있다. 카페는 세 곳 있는데 공연이 있는 날에는 사람이 많이 몰리므로 좀 더 머물 공간이 확보되면 좋겠다.

　다행히 공연을 즐기러 온 관객들에 대한 배려는 점점 좋아지고 있다. 무대에서 멀리 떨어진 좌석에서는 배우들의 생생한 표정을 보기 어렵다. 그래서 오페라글라스(망원경)가 필요한데, 초기에는 블루스퀘어에서 준비한 수량이 많지 않아 금방 동이 났다. 물론 지금도 오페라글라스를 빌리려면 일찌감치 줄을 서야 하지만 예전보다는 수량이 훨씬 많아져 조금만 일찍 서두르면 충분히 빌릴 수 있다.

하지만 어디서 오페라글라스를 빌려야 하는지 안내가 없어 아쉬웠다. 사실 오페라글라스는 1층보다는 2층과 3층에서 보는 관객들에게 필요하다. 나는 좌석이 3층 1열이었는데, 티켓을 안내하는 분이 아무런 설명이 없었고, 오페라글라스를 빌리는 장소가 공연장기준으로 1층 입구 옆에 있어 동선이 꼬여 다소 불편했다.

사진을 찍는 것도 제한이 있었다. 공연 시작 전에 티켓을 무대 쪽에 대고 사진을 찍는데, 무대장치와 콘텐츠를 보호한다며 촬영을 막았다. 물론 공연 중에는 당연히 사진을 찍어서는 안 되지만 공연시작 전에 인증샷을 찍어 SNS에 올리게 허용한다면 홍보 효과를누릴 수 있지 않을까 싶다.

건물 기준으로 1층에 F&B(Food&Beverage) 매장들이 많은데, 이왕이면 외국 뮤지컬 전용극장처럼 중간 쉬는 시간에 잔술과 간식을 팔면 수익적인 면에서나 홍보 면에서 좋았을 것이란 아쉬움도남는다. 우리나라에서는 공연 중간에 술을 마시는 것을 상상하기어렵지만 외국에서는 아주 자연스러운 모습이다.

런던에서 〈맘마미아〉 공연을 보러 갔을 때의 일이다. 딸과 함께갔는데, 공연 중간에 쉬는 시간이 있었다. 공연장 1층에는 샴페인,위스키, 와인 등 평소에는 너무 비싸 사기 어려웠던 좋은 술들을 잔술로 파는 스탠드바가 있었다. 술만 있는 것이 아니라 아이스크림과 비스킷이 공연장 안에서 판매되었다. 나는 잔술을, 딸은 아이스크림을 사서 먹었다. 사서 그 자리에서 먹어도 되지만 공연장 안에있는 내 자리에 앉아서 먹을 수도 있어 놀랐다.

과하게 술을 마셔 공연을 방해한다면 문제지만 잔술 정도는 아무 문제가 되지 않는다. 실제로 나의 경우 술이 한 모금 들어간 덕분에 더욱 공연에 흠뻑 빠질 수 있었고, 딸도 아이스크림과 비스킷을 먹으며 더 즐거워했다. 장시간 공연이었지만 참 즐거웠다. 공연을 보러 온 사람들에게 공연 외의 다른 즐거움을 경험할 기회를 연구한다면 또 다른 수익 창출의 계기가 될 수 있을 것이다.

블루스퀘어가 자기만의 특화된 서비스를 찾았으면 하는 마음이다. 공연문화 분야에서 블루스퀘어는 후발주자에 속한다. 늦게 시작한 것에 비하면 공연에 관한 한 성적표가 괜찮은 편인 만큼 다른 나라의 공연을 보면서 적용할 만한 것들을 찾아보았으면 좋겠다. 공연장에서 잔술과 음식을 파는 것이 우리나라 공연문화와 맞지 않는다면 다른 서비스를 찾아 고객들이 공연장에서 기분 좋게 소비할 수 있도록 함으로써 수익구조를 개선하는 데 도움을 받을 수 있다.

예술가들의 마음을 사로잡은 북파크

문화 중 빼놓을 수 없는 것이 '책'이다. 복합문화공간을 표방하는 블루스퀘어 안에 대형서점인 북파크(Book Park)가 있는 것은 결코 우연이 아니다. 책이 있는 공간은 그 자체만으로도 훌륭한 문화공간이 되기 때문에 블루스퀘어뿐만 아니라 다른 복합문화공간들도 제일 먼저 서점부터 들이는 경우가 많다.

북파크는 규모가 무척 크지만 색깔이 있다. 모든 분야의 책을 다

북파크의 포토존이 된 대형 책장. 입구에 들어서자 보이는 24미터의
책장에 빼곡히 꽂혀 있는 책이 시선을 압도한다.

품는 대신 예술·인문 분야의 책에 집중했다. 종합서점이기보다는 특정 분야에 좀 더 포커스를 맞춘 서점으로 자리매김을 한 것이다. 복합문화공간인 블루스퀘어에 잘 어울리는 큐레이션이란 생각이 든다. 그래서인지 예술가들과 기획 쪽 일을 하는 사람들이 즐겨 이곳을 찾는다고 한다.

북파크의 시그니처는 단연 입구에 있는 책장이다. 마치 천장을 뚫을 것처럼 높이 솟아 있는 책장 가득 꽂혀 있는 책이 그야말로 장관이다. 총 높이가 24미터로 강남 코엑스에 있는 별마당보다도 높다. 어떤 사람들은 별마당이 먼저인 줄 아는데, 북파크가 원조다.

높게 솟은 책장도 장관이지만 북파크에는 편안하게 앉아서 책을 읽을 수 있는 공간들이 많다. 비밀 다락방처럼 은밀한 공간도 있고, 계단으로 올라가면 시야가 탁 트여 책을 읽는 재미를 더해주는 공간도 있다. 테라스 공간은 밖으로 지나다니는 차와 사람을 구경하며 머릿속을 비워내기에 딱 좋다.

북파크에 있다 보면 서점인지 도서관인지 헷갈릴 정도로 책장 사이사이에 다양한 형태의 공간을 마련해놓았다. 심지어는 소규모 독서모임을 할 수 있는 공간도 있다. 서점이라고 조용하게 책만 보는 것이 아니라 다른 사람들과 생각을 나누는 것을 허용한 것이다.

고객들 입장에서 책을 읽을 공간이 많다는 것은 반가운 일이다. 하지만 2016년 처음 북파크가 생긴 이후 크고 작은 변화가 있었다. 꾸준히 시간차를 두고 여러 번 북파크를 방문하지 않았다면 변화를 느끼기 어려울 수도 있다. 지금도 북파크는 여전히 매력적인 공간이지만 처음과는 달라졌다. 단순한 고객 입장에서 볼 때와 비즈

북파크 안에는 책을 읽을 수 있는 공간이 많다.

서점 안에 책을 읽는 공간과 카페가 함께 존재한다. 책을 읽고 담소를
나누고 차를 마시는, 서로 어울리는 활동을 동시에 할 수 있다.

정글짐처럼 생긴 공간은 2단으로 분리되어 책을 보관하고 읽는 공간으로 다양하게 활용되고 있다.

니스 관점에서 볼 때 색다르게 느껴진다.

우선 가장 눈에 띄는 변화는 '스테이지 631(STAGE 631)'이다. 2018년 6월에 오픈한 스테이지 631은 예술 인력을 양성하는 아카데미로 댄스, 보컬&랩, 연기, 뮤지컬, 연출 및 무대 등 총 6개의 엔터테인먼트 분야에 대한 교육을 실시한다. 기획 단계부터 K팝 전문가들이 참여했고, 가수 토니안과 안무가 배윤정이 적극적으로 합류하면서 많은 사람의 관심을 끌었다.

처음 스테이지 631이 생겼을 때는 북파크의 변화가 낯설기만 했다. 북파크의 시그니처인 24미터의 책장을 거의 가려버린 대형 홍보 플래카드를 보면서 답답한 기분이 들었다. 스테이지 631 외에도 북파크 내에 다양한 종류의 카페가 생기면서 책을 읽을 수 있는 공간은 좀 더 줄었다. 스테이지 631이 생긴 이후 한동안 북파크로 가는 발걸음을 끊었다. 하지만 왜 북파크가 그렇게 변할 수밖에 없었을까 고민하다 보니 그 변화가 이해가 갔다.

비즈니스는 '의도'보다 '생존'이 먼저다. 아무리 좋은 취지와 의도로 시작한 일이라도 수익이 나지 않아 운영이 어렵다면 의도가 무색해지고, 더 이상 비즈니스를 지속할 수가 없다. 비즈니스를 아예 접을 생각이라면 모를까, 지속시키려 한다면 변화해야 한다. 변화를 주어 수익을 낼 수 있는 방법을 고민해야 마땅하다.

스테이지 631은 북파크가 살기 위해 치열하게 고민한 결과일 수 있다. 한류 열풍이 불면서 대한민국은 세계 문화의 중심으로 급부상했다. 세계 각국의 젊은 세대들은 한국의 아이돌과 한국의 드라마에 열광한다. 한국의 젊은이들 중에도 자신이 한류의 주인공이 되기를 꿈꾸는 사람들이 많다. 한류에 대한 분명한 수요가 있는 상황에서 예술 인력을 길러내는 아카데미가 나름 수익성이 있다고 판단하고 스테이지 631을 만든 것으로 보인다.

북파크의 변화는 아직 끝나지 않은 듯하다. 스테이지 631이 들어설 즈음 '개똥이네'라는 어린이서점도 북파크 내에 자리를 잡았었다. 중고책을 저렴한 가격에 팔아 부모들로부터 인기를 끌었던 곳인데, 계약 만료 후 더 이상 개똥이네를 볼 수 없게 되었다. 개똥이네가 차지하던 공간이 꽤 컸는데, 지금은 '책을 읽는 공간'으로 바뀌었다.

매주 수요일마다 과학 관련 강연이 개최되던 '카오스홀'도 자취를 감추었다. 카오스홀이 있던 자리는 지금 스테이지 631의 차지가 된 상태다. 카오스홀이 빠지면서 과학책도 일부 정리했다고 한다.

하지만 스테이지 631 덕분에 젊은 층이 많이 유입돼 전체적으로 분위기는 활기차다. 옥상에 직원들의 휴게소 역할을 하는 가든이 있는데, 이를 개방하면 젊은 층들이 더 많이 찾아오지 않을까 싶다.

북파크의 변화가 실제적으로 얼마만큼의 수익으로 연결되는지는 아직 잘 모른다. 북파크의 최초 모습을 좋아했던 고객 입장에서는 아쉬울지 몰라도 비즈니스적인 관점에서는 생존과 성장을 위해 공간을 변화시킨 데 박수를 보내고 싶다.

공익과 비즈니스의 합리적인 접점이 필요하다

정부와 민간기업이 손을 잡으면 공익과 비즈니스 모두를 살리려고 노력해야 한다. 쉬운 일은 아니다. 공익과 비즈니스는 종종 충돌하는 경우가 많아 공익을 너무 앞세우면 비즈니스가 죽고, 그렇다고 비즈니스를 너무 앞세우면 공익이 흔들린다. 둘 다 살릴 수 있는 접점을 찾지 못하면 결국 균형이 깨져 민관이 손을 잡은 좋은 의도가 퇴색하기 쉽다.

인터파크씨어터는 공익을 포기하지 않으면서 비즈니스상 수익구조를 개선하기 위해 노력하고 있다. 블루스퀘어가 문을 연 지 7년차에 접어들면서 인터파크씨어터는 수익구조를 개선하기 위한 대대적인 변화를 꾀했다. 북파크에 카페를 넣고, 일부 공간에 스테이지 631과 같은 글로벌 아티스트를 육성하는 아카데미를 만들었다. 예전의 블루스퀘어를 좋아했던 사람들에게는 다소 거부감이 들 수도 있지만 비즈니스를 하는 입장에서는 불가피한 선택으로 보인다.

블루스퀘어 지하 1층에는 '투핸즈'라는 화방카페가 있다. 미술용품을 팔기는 하지만 상업적인 공간이라기보다는 사람들이 미술을 좀 더 친숙하게 느끼고 경험하게 해주는 대중문화공간 같은 곳이다. 비즈니스보다는 공익적인 성격이 앞선 공간이라 할 수 있다.

실제로 투핸즈는 인터파크씨어터의 제안으로 블루스퀘어에 입점했다. 블루스퀘어가 지자체와 민간기업이 협력해 만든 공간인만큼 책과 공연 이외에 사람들이 즐길 수 있는 문화공간을 만들기를 원했고, 투핸즈가 적임자로 선택된 것이다. 비즈니스만을 생각하면 하기 어려운 제안이었겠으나 공익을 고려했기에 가능한 협력이었다.

　일본 도쿄 시부야에는 '히카리에'라는 빌딩이 있다. 시부야역은 8개의 노선이 지나가는 그야말로 교통의 요지 중의 요지다. 히카리에 빌딩은 동쪽 출구와 이어진 지하 4층, 지상 34층의 고층복합빌딩으로, 시부야의 랜드마크로 유명하다. 지하 3층에서 1층은 식품관, 1층에서 7층까지는 쇼핑몰, 8층은 '창조적 공간(Creative Space)', 9층은 프레젠테이션을 할 수 있는 히카리에홀, 11층은 뮤지컬 극장 'Orb', 그리고 12층부터는 오피스로 구성되어 있다.

　상권으로서는 최고의 입지를 자랑하는 빌딩인 만큼 임대료도 만만치 않은데, 롱 라이프 디자인을 추구하는 디앤디파트먼트가 운영하는 식당이 그 빌딩 8층에 있다. 내가 아는 디앤디파트먼트는 그 어떤 기업보다도 소중한 가치를 지향하지만 히카리에 빌딩의 임대료를 감당할 수 있을 만큼 수익이 많이 나는 기업은 아니다. 그런데 어떻게 히카리에 빌딩에 들어올 수 있었는지 궁금해 디앤디파트먼트 나가오카 겐메이 대표를 만났을 때 솔직하게 물은 적이 있다.

　"감사하게도 빌딩이 완공되기 전에 먼저 제안을 해주셨습니다. 좋은 제안은 감사하지만 임대료가 비싼 곳에 들어갈 수 없는 상태임을 말씀드리자 좋은 콘텐츠를 갖고 들어오면 된다고 해서 입점하게 되었습니다."

　좀 더 이야기를 들어보니 히카리에 빌딩의 주인은 일반 기업이 아닌 도쿄지하철공사였다. 원래 히카리에 빌딩이 들어선 자리에는

'도쿄문화회관'이 있었다. 그래서 도쿄지하철공사는 적어도 시민들이 이용하는 문화공간이었던 면적만큼은 시민에게 돌려줘야 한다고 생각하고, 8층을 전부 시민들의 몫으로 남겨두었다.

겐메이 대표의 설명을 듣고 보니 8층은 이름부터 독특했다. '창조적 공간'. 도쿄지하철공사는 8층이 도쿄문화회관의 DNA를 이어받은 공간임을 분명히 하면서 다양한 창조적 활동을 지원하고 시민들이 즐길 수 있도록 배려했다. 디앤디파트먼트에게 입점 제의를 한 것도 디앤디파트먼트가 추구하는 가치가 8층과 잘 부합한다고 생각했기 때문일 것이다.

8층은 총 8개의 섹션으로 구성되어 있다. 그중 3개 섹션을 디앤디파트먼트가 운영 중이다. 한 섹션은 47개 각 현을 대표하는 일본의 전통공예, 특산품, 관광, 로컬 푸드, 젊은 세대의 크리에이션 및 커뮤니티 디자인을 전시하는 'd47 뮤지엄', 또 다른 섹션은 47개 현을 돌면서 만난 다양한 일본 공예품을 판매하고 홍보하는 'd47 디자인 트래블 스토어', 그리고 마지막 하나의 섹션은 47개 현에서 생산되는 식재료로 맛있고 건강한 음식을 만들어 파는 'd47 식당'이 차지하고 있다.

8층의 이벤트 공간과 갤러리 공간도 매력적이다. 이벤트 공간에서는 생산자와 소비자, 개인과 사회, 지방과 도쿄가 워크숍, 토크 이벤트, 마켓 등 다양한 형태로 인연을 맺을 수 있다. 갤러리 공간도 다양한 크리에이터들이 2주 간격으로 돌아가며 전시회를 열기 때문에 늘 역동적으로 움직인다.

창의적인 신진 작가들의 등용문 역할을 하는 갤러리 공간과는 별도로 '현대 아트 갤러리'도 8층에서는 빼놓을 수 없는 훌륭한 콘텐츠다. 이 갤러리는 일본 고야마 도미오 갤러리가 디렉션했는데, 현대미술은 물론 근대미술, 공예, 고미술에 이르기까지 주목할 만한 작품을 소개하고 있다.

이처럼 8층은 시민들을 위한 공간답게 콘텐츠가 다채롭다. 또한 콘텐츠가 큰 흐름은 유지하면서 다양한 형태로 변화하기 때문에 사람들은 히카리에 빌딩에 올 때마다 새로운 기대감으로 8층을 찾는다고 한다.

히카리에 8층 '창조적 공간'을 보면서 공익과 비즈니스의 가치 모두를 살리는 것이 가능하다는 것을 깨달았다. 도쿄지하철공사는 총 38개 층 중 8층 한 개 층을 공익을 위한 공간으로 남겨놓았다. 전체의 약 2%에 해당하는 공간인데, 히카리에 빌딩은 그 정도 공간을 제외한 나머지 공간만으로도 충분한 수익을 내는 것으로 보인다.

민관이 협력해 비즈니스를 할 때 히카리에 빌딩처럼 처음부터 공익을 위한 공간을 떼어놓는 것도 고려해볼 만한 방법이다. **블루스퀘어가 당장 수익모델에 연연하기보다 공익적 목적으로 투헨즈 같은 젊은 스타트업 예술가들과 손을 잡았다는 점은 시사하는 바가 크다.** 기업이 상업공간을 기획할 때 일부분을 아예 공익적인 공간으로 떼어놓으면 긴 호흡으로 공간이 발전하는 것을 지켜볼 수 있고, 그렇게 얻은 결실을 더 많은 사람이 기쁘게 나눌 수 있지 않을까 싶다.

용산공예관,
체험하면 사게 된다

혼자서 비즈니스를 할 때보다 다른 파트너와 연결해 비즈니스를 하면 훨씬 더 좋은 결과를 기대할 수 있다. 연결을 했어도 서로 마음이 맞지 않으면 혼자 하는 것보다도 못한 결과가 나올 수도 있지만 제대로 연결해 최선을 다하면 '1+1=2'가 아닌 그 이상의 시너지 효과가 난다.

연결의 대상은 무한하다. 기업과 기업이, 전문가와 전문가가 서로 힘을 합치는 경우는 너무 흔하다. 기업과 정부 혹은 지자체와 손을 잡는 경우도 생각보다 많다. 한남동에서는 기업과 지자체가 힘을 합해 만든 것으로 블루스퀘어와 용산공예관이 대표적이다. 둘 다 기본적으로는 기업과 지자체의 합작품이지만 지역과의 더 많은 연결고리를 갖고 있는 것은 용산공예관이다.

용산공예관은 용산구와 SPC그룹이 만든 건물이다. 2018년 2월에 오픈해 아직까지 충분히 알려지지 않았지만 용산공예관을 둘러본 사람들은 생각보다 볼거리가 많고, 직접 체험해볼 수 있는 전통공예들이 많아 놀란다. 전통공예를 계승한다는 취지만 앞세운 것이 아니라 실제로 평생을 전통공예에 몸담은 장인들을 발굴하고, 그분들의 작품을 일반인들 누구나 보고 구매할 수 있도록 했다는 점이 높이 평가할 만하다.

2018년 2월 문을 연 용산공예관 전경

용산공예관은 용산구청 부지에 SPC의 기부채납으로 만들어진 건물이다.

기업이 먼저 제안하고, 용산구가 운영하다

SPC그룹은 이미 오래전부터 한남동에 뿌리를 내린 기업이다. 용산공예관 바로 옆에 있는 패션5를 만든 기업이 SPC그룹인데, 12년 동안 패션5를 운영하면서 아마도 한남동의 가능성을 누구보다도 빨리 알아보았을 것이다.

기업이 가능성이 있는 곳에 씨를 뿌리고 싶어 하는 것은 당연하다. 하지만 SPC그룹 단독으로 새로 땅을 사서 비즈니스를 하는 것은 쉬운 일이 아니다. 돈은 둘째 치고 이미 한남동에서 쓸 만한 땅은 다 팔려 살 수가 없었다. 그러던 차에 패션5 옆에 있던 허름한 건물이 SPC그룹의 눈에 들어온 것은 자연스러운 일이었다.

패션5 옆에 있던 건물은 원래 여성문화회관으로 존재했지만 활용도 측면에서는 유명무실했다. 한남동에 오래 살았던 사람들도 여성문화회관이 있었다는 것조차 모를 정도로 존재감이 없었다. SPC그룹은 땅의 소유주였던 용산구에 있으나 마나 한 건물 대신 전통문화를 살릴 수 있는 건물을 만들자는 제안을 했다. 용산구 입장에서는 건물도 지어주고, 그 안에 넣을 콘텐츠까지 함께 고민하겠다는 SPC그룹의 제안을 마다할 이유가 없었다.

한남동은 한국 안의 국제도시와도 같은 곳이다. 다양한 나라의 다양한 문화가 공존하는 곳에서 용산공예관은 여러 가지로 의미가 있다. 일반인들에게는 우리나라의 전통공예를 보고 체험할 수 있는 소중한 기회를 제공하고, 장인들에게는 전통 공예품을 합리적인 가격에 팔 수 있는 장을 마련해주었다. 장인들에게 대중 친화적

시니어 도우미 선생님들의 설명으로 공예의 이모저모를 자세히 알 수 있다.

인 환경 속에서 공예 작업에 집중할 수 있는 공간을 제공한 것이다.

용산공예관에서 일하는 분들도 인상적이었다. 대부분 60대 이상의 어르신들이었는데, 단순한 아르바이트 수준이 아니라 전통공예에 대한 이해가 전문가 수준이었다. 이분들은 용산구청에서 일자리 창출을 위해 고용한 분들이다. 용산공예관은 특성상 외국인들도 많이 방문하기 때문에 외국어를 할 수 있는 분들이 안내를 해야한다. 다행히 한남동의 지역적 특성상 외국어가 가능한 어르신들이 많으므로 용산구청이 이분들에게 안내를 맡긴 건 현명한 선택이었다.

용산공예관을 만듦으로써 용산구는 전통공예를 계승함과 동시

용산공예관에 전시된 도예 작품

에 일자리 창출이라는 두 마리를 토끼를 잡을 수 있었다. 그렇다면 SPC그룹에서는 무엇을 얻었을까? 용산공예관은 2015년 용산구청과 파리크라상이 양해각서(MOU)를 체결하고, 2016~2017년 2년에 걸쳐 완성됐다. SPC는 약 55억 원을 들여 만든 용산공예관을 그대로 용산구청에 기부채납했다. 대신 용산공예관 부설 주차장을 20년 동안 무상 사용할 수 있는 권한을 얻었다. 비즈니스 관점으로 보면 SPC그룹이 얻은 이익이 많지 않아 보일 수 있지만 '지역사회에 기여하는 기업'이라는 이미지의 가치는 돈으로 환산하기 어렵다.

보고, 체험하고, 사다

보통 정부(관)에서 하는 것은 그것이 무엇이든 형식적일 것 같은 느낌이 든다. 편견일 수도 있지만 실제로 보여주기 식으로 충분한 준비 없이 만든 것들이 많아 정부가 운영하는 것 중 내용이 부실한 것들이 꽤 있다.

용산공예관은 다르다. 1층에 들어서는 순간 생각했던 것보다 훨씬 다양한 공예품들이 나를 반겨주어 깜짝 놀랐다. 품목만 해도 470여 개에 달하고, 작품 수는 무려 1400여 점이나 된다. 모두 건물에 입주한 장인들과 전국의 명장이 제작한 우수 공예품이라고 한다.

용산공예관 2층은 직접 전통공예를 체험할 수 있는 공간이다. 공방이 네 개가 있고, 한복과 도자기 체험장이 있다. 체험의 내용은 제법 알차고 재미있다. 구색 맞추기가 아닌 사람들이 어떻게 하면 흥미를 느끼고 재미있게 참여할 수 있을지를 많이 고민한 흔적이 엿보인다.

3층에는 일반인을 대상으로 공예 교육을 진행하는 '공예 배움터'와 '짚풀과 대나무', '한지와 종이', '규방과 자수', '금속과 칠보', '민화와 병풍' 등의 분야로 다섯 개의 공방이 있다. 이 공방에서 장인들이 직접 작품을 만들고, 후학을 가르치기도 한다. 각 공방에는 4~6명의 공예가들이 입주해 있는데, 모두 60세 이상이다.

용산공예관에서는 '체험하면 사게 된다'는 공식을 확인할 수 있었다. 직접 도자기나 공예품을 만드는 과정에 참여하지 않아도 워낙 작품들이 예뻐 사고 싶은 마음이 들지만 체험하고 나면 더 사고 싶은 마음이 간절해진다.

생각보다 가격도 비싸지 않다. 장인들이 일일이 수작업으로 만든 작품이라 꽤 비쌀 것이라 예상했는데, 합리적인 수준이었다. 용산공예관이 장인들에게 임대료에 대한 부담이 없는 대신 많은 이들이 공예품을 만날 수 있도록 가격을 책정하자고 제안했고, 장인들이 수용한 결과다.

지금도 용산공예관에는 사고 싶은 작품들이 충분한 편이다. 하지만 좀 더 욕심을 부리자면 외국에 나갈 때 사 갈 수 있는 선물용 작품과 외국인들이 용산공예관에 들렀다가 사 갈 수 있는 기념품이 좀 더 다양했으면 좋겠다. 우리나라를 찾는 외국인 관광객에게 우리 전통문화에 대한 관심이 있고, 이를 소비하고 싶어 하는 니즈가 분명한 만큼 이와 관련된 비즈니스를 좀 더 발전시킬 필요가 있다.

개인적으로는 나무로 만든 수저 세트가 마음에 들었다. 수저를

자신만의 공예품을 만들어볼 수 있다는 점에서 체험 공간은 인기가 있다.

2층에 있는 도자기 체험장에서는 실제로 도자기를 만들어볼 수 있다.

한복처럼 고운 빛깔의 주머니에 담아놓았는데, 외국인들에게 선물하면 좋아할 것 같은 작품이다. 예전에 '경양식집에서 칼질을 한다'는 것을 자랑처럼 이야기하던 시절이 있었다. 칼질이 곧 서양문물의 상징처럼 여겨졌기 때문이다. 예전에 우리가 그랬듯이 요즘 서양에서는 젓가락질을 할 줄 알면 동양의 문화를 이해하는 수준 높은 사람처럼 보이는 분위기여서 젓가락은 꽤 괜찮은 선물이 될 것 같다.

비슷한 모양이라도 인사동이나 남대문에서 사는 것보다 용산공예관에 놓여 있으면 더 격이 있어 보일 것 같은 것은 나만의 생각일까? 꼭 외국인들을 위한 선물이 아니더라도 계속 다양한 상품군을 개발해 선을 보여야 용산공예관을 찾는 사람들의 발길이 끊이지 않을 것이다.

용산공예관 2층에 위치한 한복 대여점. 한복을 빌리고 사진촬영도 할 수 있어서 외국인들에게 인기다.

1층에는 공예품 판매점이 있다. 놋그릇, 도자기, 수저 세트 등 보기만 해도
감탄이 나오는 멋진 작품들이 많다. 예술작품을 비교적 저렴한 가격에
소장할 수 있어 인기가 있다.

삼국시대의 방울잔을 재현한 작품. 그릇 안에 돌이나 흙으로 빚은 방울을
넣어 흔들면 소리가 나는 술잔을 방울잔이라고 한다. 이 작품은 상체는
길고 하단부는 둥근 형태이다.

스타 마케팅의 좋은 예를 보여주다

　용산공예관은 우리나라 사람들에게 충분히 알려지기도 전에 외국인들이 먼저 알고 방문한 곳이기도 하다. 그렇게 된 데는 용산공예관에서 사회복무요원으로 근무했던 한류스타 A군의 역할이 컸다. A군이 용산공예관에서 근무할 당시만 해도, 용산공예관 입장에서는 A군이 외국인들에게 그렇게까지 영향을 미칠 것이라고는 생각지 못했을 수도 있다. 하지만 A군이 용산공예관에서 근무한다는 소식을 들은 외국인들은 A군을 보기 위해 용산공예관에 밀려들어 왔고, A군이 디자인에 참여했다는 '용산공예관'이란 글자가 새겨진 머그컵을 대량으로 구입했다고 한다. 2018년 11월에는 한국, 중국, 일본, 태국 4개국으로 구성된 A군 팬클럽 연합이 용산복지재단에 1천여만 원을 기부한 것으로 알려져 있다.

　스타 마케팅은 힘이 강하다. 스타 마케팅을 한다고 비즈니스가 무조건 성공하는 것은 아니지만 스타 마케팅의 효과는 확실히 강력하다. 특히 글로벌 시장에 진출할 때는 한류의 주역인 스타를 앞세우면 한결 쉽게 고객들의 마음을 움직일 수 있다. 그래서 값비싼 대가를 지불하면서라도 스타 마케팅을 하고 싶어 하는 사업자들이 많다.

　그런 면에서 용산공예관은 운이 좋았다. 의도했던 것은 아니지만 A군이 근무하면서 자연스럽게 외국인 관람객들을 불러 모았고, 어느 정도 매출로도 연결되었기 때문이다. 다만 외국인들이 올 것을 미리 예상하고 좀 더 준비를 했더라면 A군을 보러 왔던 외국인

외국인들에게 불티나게 팔렸던 용산공예관 머그컵. 머그컵에 새겨진
한글 서체에 환호하는 외국인들이 의외로 많다.

들이 한국의 전통공예에 관심을 갖게 할 수도 있었을 것이다.

연예인들이 대체복무를 할 수 있는 곳은 용산공예관만이 아니다. 전국에 좋은 취지로 만들어진 훌륭한 공간들이 많다. 다른 공공기관에도 군 복무를 해야 할 연예인을 배치하면 홍보와 마케팅 역할을 톡톡히 할 수 있을 것 같다. 해외로 나가야만 글로벌 비즈니스를 할 수 있는 것은 아니다. 용산공예관처럼 해외에서 사람들이 오게 하는 것도 글로벌 비즈니스다. 연예인 입장에서도 군 복무를 하면서 공익적인 일에 도움이 될 수 있다면 기꺼이 하고 싶어 할 것이라 본다.

투핸즈,
예술가들이 비즈니스를 한다면?

보통 예술가들은 자신들의 직업을 배고픈 직업이라 생각한다. 물론 자기가 하고 싶은 예술을 하면서도 충분히 부유한 생활을 한 예술가들도 있다. 하지만 지금은 너무나도 유명한 예술가이지만 살아생전에는 경제적으로 넉넉지 않아 생활고에 시달렸던 이들이 더 많다. 그래서인지 예술을 하는 사람들은 배고픔을 당연하게 여기기도 한다.

왜 예술을 하는 사람은 배가 고파야 할까? 정말 예술과 비즈니스는 물과 기름처럼 어울리지 않는 존재일까? 예술을 비즈니스로 풀려고 하면 예술의 순수성을 잃게 되는 것일까?

개인적으로 배를 곯으면서 예술을 하는 시대는 지나갔다고 본다. 어떤 사람들은 배가 고파야 진정한 예술을 할 수 있다고도 하는데, 그것처럼 잔인한 말도 없다. 여전히 예술을 비즈니스로 연결하기는 쉽지 않지만 여럿이 힘을 합치면 가능하다. 그 가능성이 단지 가능성이 아니라 현실이 될 수 있다는 것을 보여준 곳이 블루스퀘어 지하 1층에 있는 투핸즈다.

여럿이 손을 잡으면 부담은 줄고 가능성은 커진다

투핸즈(Two Hands)는 그대로 직역하면 '두 개의 손'이란 뜻이다. 원래 투핸즈라는 이름은 와인을 만드는 업체에서 먼저 썼다. 와인을 수출하는 마이클 트웰트리라는 사람과 오크통 제조회사를 경영하는 리차드 민츠가 1999년 함께 만든 와이너리인데, 둘이 힘을 합쳐 단시간에 최고의 와인을 만든 것으로 유명하다. 동업을 해 시너지 효과를 낸 좋은 예로 손꼽힌다.

블루스퀘어에 있는 투핸즈도 열 명의 작가들이 공동으로 운영하는 화방이다. 동업이 쉽지 않다고들 말하지만 마음이 잘 맞는 사람들이 손을 잡으면 좋은 점이 더 많다. 우선 임차료부터 줄일 수 있다. 처음 비즈니스를 시작할 때 제일 부담이 되는 것 중 하나가 임차료다. 임차료는 비즈니스가 잘되든, 안되든 매달 고정적으로 나가는 비용이어서 수익구조가 탄탄하지 않을 때는 부담이 될 수밖에 없다. 그런데 열 명이 손을 잡고 나눠 내면 임차료 부담을 10분의 1로 줄일 수 있다. 비스니스가 자리를 잡으려면 최소한 3년은 버텨주어야 한다. 그러려면 고정비용을 최소화하는 게 중요한데, 자금이 넉넉지 않다면 투핸즈처럼 여러 명이 함께 공간을 사용하면서 임차료를 나눠 내는 것도 좋은 방법이다.

꼭 같은 일을 하는 사람들끼리만 공간을 같이 쓸 필요는 없다. 각자 다른 일을 하는 사람들이 모이면 서로 부족한 부분을 도와주며 시너지 효과를 낼 수 있다. 투핸즈의 경우 넓게 보면 그림을 그리는 작가들이 모였지만 화풍과 그림을 그리는 방식은 조금씩 다르다. 드로잉에 강한 작가가 있는가 하면 수채화를 즐겨 그리거나 사진처럼 현실감이 넘치는 그림을 그리는 작가들도 있다. 큰 틀에서는 모두 화가지만 저마다 개성이 뚜렷해 서로 좋은 영향을 주고받는 다고 한다.

투핸즈에서는 작가들이 힘을 합해 많은 일을 한다. 서로 돌아가 며 투핸즈를 찾은 분들에게 미술을 좀 더 가깝게 느낄 수 있도록 도 와주고, 원하는 사람들에게는 미술을 가르쳐주기도 한다. 매주 정 기적으로 미술재료학 수업이 진행되기도 하지만, 호감이 가는 작 가에게 원하는 수업을 신청해도 된다. 꼭 수업을 듣지 않아도 투핸 즈를 지키는 작가들과 이야기를 나누다 보면 미술이 한결 가깝게 느껴질 수 있다.

크지는 않지만 투핸즈에는 작가들이 그림을 그릴 수 있는 공간 이 있다. 투핸즈를 방문했을 때 작품을 만드는 작가들의 모습이 무 척이나 인상적이었다. 내 눈앞에서 그림이 그려지는 모습은 신기 하기까지 했다. 내가 너무 좋아하자 작가분이 자신의 전시회에 초 대하기도 했다.

처음에는 투핸즈가 작가들끼리의 협력만을 의미한다고 생각했 다. 하지만 투핸즈를 몇 번 방문하다 보니 투핸즈의 의미가 더 크고 넓다는 느낌을 받았다. 실제로 투핸즈의 대표 작가인 유민석 작가 가 설명하는 투핸즈의 의미는 다양하다. 혼자보다 여럿이 함께하 는 공간이라는 뜻도 있지만 사람 손으로 직접 만드는 것이 점점 없 어지는 지금, 사람들이 손의 가치를 더 생각했으면 하는 바람도 담 겨 있다. 더 나아가 그림을 그리는 작가와 그렇지 않은 사람이 서로 손잡고 함께할 수 있기를 바라는 마음으로 '투핸즈'라는 이름을 지 었다고 한다. 지금은 열 명의 작가가 함께하지만 더 많은 작가와 손

을 잡을 수도 있고, 투핸즈를 찾는 사람들과도 적극적으로 손을 잡
을 생각이다.

블루스퀘어 지하 1층에 있는 투핸즈. 손으로 쓴 것 같은
영문 글자가 인상적이다.

투핸즈 내부 한쪽에 마련된 작가들을 위한 작은 공간. 이곳에서 투핸즈 작가들이 작품을 만든다.

투핸즈에서는 가볍게 그림을 그려보거나, 좋아하는 작가에게 직접
일대일 레슨도 받을 수 있다.

화방카페와 쇼핑몰을 연결해 비즈니스 돌파구를 찾다

투핸즈는 작가들이 함께 공간을 쓰는 데 만족하지 않았다. 신진 작가들은 작품을 전시할 공간을 찾기도 어렵고, 힘들게 전시회를 열어도 작품의 가치를 제대로 인정받기 힘들어 많이 팔아도 적자인 경우가 많다. 경제적 어려움을 견디지 못하고 작품활동을 중단하는 작가들에게 투핸즈는 작품을 알리고, 수익을 창출할 수 있는 공간이기를 꿈꾼다.

우선 투핸즈는 다양한 작가의 작품을 전시한다. 어떤 제품이라도 알리지 않으면 저절로 팔리지 않는다. 작품도 예외는 아니다. 이런 작품이 있다는 것을 알려야 관심을 갖는 사람들이 생기는데, 투핸즈는 혼자서는 홍보나 마케팅을 할 수 없는 신진 작가들에게 훌륭한 홍보 채널 역할을 해준다.

실제로 투핸즈를 통해 초대전을 열었던 작가도 있다. 투핸즈에서 꾸준히 그림을 그려 벽에 걸었던 작가인데, 우연히 갤러리 관계자가 투핸즈를 들렀다 작품을 보고 초대전을 제안했던 것이다.

작가 입장에서는 심혈을 기울여 만든 작품을 판매해 수익을 얻는 것이 제일 좋겠지만 작품 판매만으로는 먹고살기 힘든 것이 현실이다. 그래서 투핸즈는 작품을 알리고 팔기도 하지만 엽서나 접시, 컬러링북 등에 작품을 접목한 굿즈도 판매한다.

투핸즈는 미술 전문 쇼핑몰이기도 하다. 붓, 물감, 연필, 스케치북 등 미술에 관한 재료 중 없는 것이 없다. 투핸즈에서 파는 재료들은 모두 유 대표가 오랫동안 직접 써보고 가성비가 좋으면서도 건강에 해롭지 않은 제품들이다.

유 대표에 의하면 미술을 전공하는 사람들도 재료를 충분히 이해하지 못하는 경우가 많다고 한다. 독성이 있는 재료가 생각보다 많아 사용법을 잘 알고 쓰지 않으면 건강을 해칠 수 있다. 좋은 작품을 만드는 것도 중요하지만 건강을 잃으면 안 되기 때문에 직접 써보고 검증된 제품만을 판다.

투핸즈 작가들이 그린 작품이 다양한 형태로 전시되어 있으며 구매도 가능하다.

물감의 종류가 엄청나다. 독성이 없고 가성비가 좋은 물감들만을 선정해 판매하고 있다.

투핸즈는 쇼핑몰만이 아니라 카페로서의 기능도 한다. 물건을 팔아 수익을 내는 것도 중요하지만 작가와 일반인 구분 없이 미술에 대해 이야기하고 공감할 수 있는 공간을 만들고 싶었기 때문이다.

화방과 카페를 연결한 것은 비즈니스 관점에서 볼 때 훌륭한 시도다. 갤러리나 화방만으로는 충분한 수익을 얻기 어렵다. 카페 기능을 하면 좀 더 많은 사람이 커피나 차를 마시기 위해서라도 투핸즈를 찾을 수 있고, 자연스럽게 미술에 대한 관심을 가질 수도 있다. 카페 수익이 갤러리나 화방에서 다 채우지 못한 수익의 빈 공간을 메워줄 수 있으니 그 또한 나쁘지 않다. 예술 쪽 비즈니스를 하고 싶은 사람이라면 투핸즈를 방문하여 '카페+쇼핑몰+체험+전시+

투핸즈는 카페로서의 기능도 한다.

아카데미'라는 사업 모델을 살펴볼 필요가 있다.

아직은 더디지만 투핸즈를 찾는 사람들이 점점 많아지고 있다고 한다. 그것도 비전문가들이 많아졌다고 하니 투핸즈가 미술을 대중화하는 데 큰 역할을 한 것 같아 괜히 뿌듯했다. 고민할수록 길은 많아진다. 찾아보면 예술을 비즈니스적으로 풀 수 있는 방법은 많다. 지금까지 그래왔듯이 투핸즈가 또 다른 방법으로 비즈니스 해법을 마련할 수 있기를 기대한다.

공유 오피스, 공간이 아니라 네트워크다

투핸즈는 뜻을 같이하는 작가들이 함께 공간을 빌려 작업실, 카페, 화방, 갤러리로 쓰면서 시너지를 낸 좋은 예다. 투핸즈처럼 함께 공간을 빌릴 파트너가 없어도 공간을 같이 쓸 수 있는 방법이 많다. '공유 오피스'를 이용하면 된다. 이미 지역별로 수많은 공유 오피스가 있기 때문에 골라서 들어갈 수 있다.

흔히 공유 오피스라 하면 스타트업이나 프리랜서가 이용하는 공간이라 생각한다. 공유 오피스에서는 책상, 의자, 소파 등은 물론 컴퓨터, 프린터와 같은 사무용 기기를 기본으로 제공한다. 독립된 공간과는 별도로 회의실과 손님을 맞을 수 있는 공간도 마련되어 있어 처음 비즈니스를 시작할 때 여러모로 유리하다. 그래서 비즈니스 초창기에 공유 오피스에서 기반을 마련하고, 비즈니스가 어느 정도 자리를 잡으면 사무실을 얻어 이전하는 경우가 많다.

하지만 요즘엔 공유 오피스에 대한 개념이 달라지고 있다. 단순히 공간을 같이 쓰는 개념을 넘어 네트워크와 같은 역할을 한다. 같은 공간에 입주한 업체들끼리 정보도 나누고, 필요하면 서로 협업도 가능하다. 굳이 멀리서 찾지 않아도 가까이서 필요한 인력과 기술을 구할 수 있는 공간이라 할 수 있다.

나도 요즘 들어갈 만한 공유 오피스를 찾는 중이다. 내가 구상하는 비즈니스가 상당 부분 IT 기술을 필요로 하는 것인데, IT 관련 스타트업이 많이 모여 있는 공유 오피스가 있다면 들어가고 싶다. 그런 공유 오피스에 가서 IT 인력들과 교류하면 기술에 대한 이해도 높아질 것이고, 기술 개발을 의뢰하기도 쉬울 것 같기 때문이다.

나뿐만 아니라 꼭 사무실이 필요해서라기보다는 네트워크가 필요해 공유 오피스를 찾는 사람들이 많아지는 추세다. 소규모 스타트업이나 프리랜서가 아닌 대규모 비즈니스를 하는 기업들도 공유 오피스를 선호한다. 공유 오피스 사업을 하는 세계적인 기업인 위워크(wework)의 발표에 따르면 직원이 1천 명 이상 되는 대기업이 공유 오피스에 입주하는 비중이 늘고 있다고 한다. 2018년 6월 기준으로 위워크에 입주한 업체 중 약 4분의 1을 마이크로소프트, 페이스북, 세일즈포스, 삼성전자, 아마존, IBM, 알리바바그룹 등 대기업이 차지하는 것으로 나타났다.

이들 대기업이 단지 사무실 임대료를 아끼기 위해 공유 오피스를 이용하는 것일까? 당연히 아니다. 단기 임대일 때는 공유 오피스가 경제적으로 이득이 되는 것은 맞지만, 그보다는 서로 다른 회사와 서로 다른 사람들과의 네트워크를 만들기 위해서다. 요즘 공유 오피스들은 입주자들에게 필요한 강좌를 진행하고, 주기적으로 입주민들끼리 만나 교류할 수 있는 기회를 만들어준다. 서로 수시로 만나 지식과 생각을 공유하다 보면 협업 또한 자연스럽게 이루어지는 경우가 많다.

지인 중에 유럽에서 크게 비즈니스를 일으킨 한국인 여성 기업가 켈리최 회장님이 있다. 첫 사업에 실패한 후 10억 원이라는 큰 빚을 안고 40세가 넘은 나이에 다시 비즈니스를 시작해 지금은 연 6천억 원이 넘는 매출을 올려 유명해진 분이다. 2017년에는《파리에서 도시락을 파는 여자》라는 제목의 책을 발간해 주목을 받기도 했다.

켈리 회장님이 설립한 켈리델리(KellyDeli)는 이미 글로벌 기업으로 크게 성장했다. 그럼에도 프랑스에 있는 본사를 영국으로 옮길 때 공유 오피스로 이전했다는 소식을 들었다. 켈리 회장님 역시 공유 오피스에서 다양한 사람들과 네트워크를 맺고, 더 참신한 아이디어와 인사이트를 얻기를 원했기 때문이다. 새로운 국가에 진출할 때도 항상 공유 오피스에서 스타트업으로 시작한다.

국내에서도 대기업들이 앞을 다투어 공유 오피스를 만들고 있다. 처음에는 패스트파이브나 위워크 등과 같은 공유 오피스 전문업체들이 시장을 장악했지만 2018년부터는 대기업들이 본격적으로 진출했다. 한화생명이 서초동 사옥 중 15개 층(좌석 약 2500석)을 '드림오피스'라는 이름으로 공유 오피스를 만들었고 현대카드, LG 그룹 자회사인 서브원, 하이트진로, 태평양물산, 신세계인터내셔널 등도 공유 오피스를 선보였다.

대기업들이 공유 오피스 사업에 뛰어든 이유는 보다 효과적으로 사무실을 임대하려는 목적도 있지만, 그보다는 비즈니스를 확장하려는 목적이 더 크다. 자체적으로 신규 사업을 시작할 수도 있지만 공유 오피스에 입주한 스타트업이나 신생 기업들과 연결해 협력하는 것이 더 좋은 결과를 얻을 수 있다고 생각하는 것이다.

비즈니스를 하려면 네트워크가 필요하다. 아무것도 없는 상태에서 네트워크를 만드는 것보다 공유 오피스에서 내 일을 하면서 자연스럽게 사람들을 만난다면 네트워크를 만들기가 한결 쉽다. 어디에서 내 비즈니스의 연결고리를 찾을까 고민스럽다면 공유 오피스에서 찾아보는 것도 좋을 것 같다.

PART 2

플래그십

;

과시가 아닌
차이가
백 년 기업을 만든다

한남동에는 플래그십 스토어가 많다. 기업의 철학과 이미지를 대표하는 매장답게 외관부터 남다르다. 그 모습이 워낙 화려하다 보니 플래그십을 보면 외관부터 눈에 들어올 수밖에 없다. 하지만 거기에 시선을 빼앗긴다면 정작 플래그십 스토어에서 꼭 봐야 할 것을 놓치기 쉽다.

　패션5는 SPC그룹이 첫 번째로 만든 플래그십 스토어이자 한남동에 제일 먼저 깃발을 꽂은 플래그십 스토어이기도 하다. 2007년에 오픈했으니 올해로 열두 살이 되었다. 한남동이 지금처럼 폭발적인 관심을 끌기 전부터 있던 패션5이니 이미 유명세를 탈 만큼 타서 모르는 사람이 거의 없다. 특히 베이커리를 좋아하는 사람은 예술작품과도 같은 빵들로 가득하다는 소문을 듣고 자석에라도 이끌린 듯 패션5를 찾았고, 꼭 베이커리를 좋아하지 않더라도 어떤 곳인지 궁금해하면서 들러볼 정도로 한남동의 대표 명소로 자리 잡았다.

　하지만 패션5에는 외관보다 더 중요한 메시지가 있다. 플래그십 스토어 중에는 소비자와의 진솔한 소통보다는 일방적으로 보여주고 싶은 모습만 극대화시킨 플래그십들도 많다. 한마디로 과시하기 위한 목적이 우선인 플래그십들이다. 그런데 패션5는 다르다. 보여주기보다는 소비자와의 소통을 택했다. 끊임없이 새로운 메뉴를 개발하고 소비자들의 반응을 보면서 발전시키는 모습이 플래그십 스토어라기보다는 랩스토어를 연상시킬 정도다.

　비즈니스는 시작하기보다 지속, 성장시키기가 훨씬 더 어렵다. 대기업들조차 비즈니스를 오래 지속하면서 발전시킨다는 것은 쉬운 일이 아니다. 생각보다 10년을 넘기는 기업들이 많지 않기 때문에 패션5의 12년은 충분히 주목해볼 만한 가치가 있다. 패션5는 메뉴뿐만 아니라 인테리어까지 끊임없이 변화를 주는 곳이기 때문에 일정한 기간을 두고 여러 번 가보는 것도 좋다.

패션5만큼 역사가 깊지는 않지만 맥심 플랜트도 가볼 만한 플래그십 스토어다. 동서식품은 다른 플래그십 스토어를 만든 기업들과는 달리 프랜차이즈로 성공한 기업이 아님에도 한남동에 약 600억 원을 들여 맥심 플랜트를 세웠다. 특이한 외관과 상상을 초월한 내부 규모만 보면 과시가 목적인 것처럼 보일 수도 있다. 물론 과시도 목적의 하나일 수 있지만 그보다는 맥심 인스턴트 커피를 사랑해준 소비자들에게 편안하게 쉴 수 있는 공간을 마련해주고 소통하겠다는 의지가 더 우선이다.

그런 면에서 본다면 플래그십 스토어는 단순히 제품개발 및 홍보를 위한 공간이 아니라 CSR(Corporate Social Responsibility, 기업의 사회적 책임)의 일환이라고도 볼 수 있다. 기업이 사회적 요구에 의해 어쩔 수 없이 서비스를 제공하는 게 아니라, 능동적이고 자발적으로 고객에게 즐거움을 제공하고 그러한 가운데서 이익을 창출할 수 있어야 하는 것이다.

소비자와의 진솔한 소통은 소비자들이 원하는 그 기업만의 '차이'를 만들어낸다. 성수동이나 홍대를 비롯한 핫한 지역에 가면 눈이 번쩍 뜨일 만한 멋진 플래그십들이 많다. 하지만 다시 갔을 때 원래 있던 그 자리를 여전히 지키는 매장들은 생각보다 많지 않다. 소비자들과의 소통 없이 일방적으로 만들어낸 '차이'는 한 번은 눈길을 끌어도 다시 보면 식상하기 쉽다. 결국 소비자들의 발길이 이어지지 않으니 시간이 지나가면서 잊히게 된다.

플래그십을 보는 관점을 확대해야 한다. 외형상의 차이뿐만 아니라 눈에 보이지 않는 차이를 보려고 노력하면 오랫동안 지속 성장하기 위해 필요한 요소를 발견할 수 있을 것이다.

한남동에
제일 먼저 깃발을
꽂은 패션5

지금은 블루스퀘어에서 이태원으로 가는 길가에 브랜드를 대표하는 멋진 건물들이 즐비하지만 약 10여 년 전만 해도 지금과는 사뭇 다른 모습이었다. 길가에 건물도 별로 없었고, 그나마도 옛날에 지어진 허름한 건물들이었다. 그런 길을 멋지게 변화시킨 시발점 역할을 한 것이 패션5(Passion5)다.

패션5는 2007년에 태어났으니 2019년 열두 살이 되었다. 사람이라면 몰라도 기업이나 매장이 한 자리에서 12년을 산다는 것은 쉬운 일이 아니다. 그냥 버틴 것이 아니라 더 좋은 모습으로 꾸준히 성장하기란 더더욱 어렵다. 하지만 패션5는 12년 전에 한남동의 가로수길이라 불리는 그 길에 터를 잡은 이후 시간이 지날수록 더 깊게 뿌리를 내리고, 더 많은 잎과 열매를 맺었다.

대체 비결이 뭘까? 여러 가지가 있겠지만 개인적으로는, 패션5가 12년 동안 지속 성장할 수 있었던 비결이 '차별화'에 있었다고 생각한다. 패션5는 남들과는 다른 자기만의 확실한 색깔을 만들기 위해 꾸준히 노력하고 차별화를 위한 투자를 아끼지 않았다. 현재의 차별화에 만족하지 않고 더 높은 수준의 차별화를 위해 노력한 결과가 지금의 패션5에 고스란히 담겨 있다.

태생부터 다른 플래그십 스토어

"여기가 뭐 하는 곳이야?"

한남동에 꽤 오랫동안 살았던 분들 중에도 패션5가 뭐 하는 곳인지 모르는 분들이 많다. 그도 그럴 것이 패션5 건물에는 간판이 잘 보이지 않는다. 작정하고 꼼꼼히 살피지 않으면 영문으로 된 간판을 찾아보기가 어렵다. 게다가 건물 외관이 거울 같은 유리로 되어 있어 안을 볼 수가 없다. 어디로 들어가는지 입구도 잘 보이지 않아 이래저래 궁금증만 키운다.

패션5 건물. 간판이 보이지 않고, 건물 가운데를 빈 공간으로 설계한 것이 특징이다.

모든 브랜드들은 자신을 더 많이 알리기 위해 노력한다. 그런데 패션5는 그렇게 멋진 건물을 지어놓고도 왜 간판을 달지 않았을까?

이유가 있다. 패션5는 SPC그룹이 고급 베이커리와 디저트를 개발하고 해외 진출을 꿈꾸며 만든 플래그십 스토어다. 플래그십 스토어는 수익을 내기보다는 브랜드 이미지를 극대화하는 역할을 한다. 일반 매장처럼 매출을 기반으로 한다면 간판도 크게 내걸고 홍보도 적극적으로 했겠지만, 패션5는 대중화보다는 고급화를 선택했다. 열심히 연구해 개발한 고급 빵의 가치를 알아보고 기꺼이 대가를 지불할 수 있는 고객들을 원했고, 한남동은 그런 고객들이 많은 지역이었다. 굳이 패션5를 알려 너무 많은 사람들이 오면 오히려 고급화 이미지가 타격을 입을 수도 있어 간판과 입구를 눈에 띄지 않게 만들었으리란 추측을 해본다.

해외 시장에 진출하기 위한 발판으로도 한남동만 한 지역이 없었다. 패션5가 위치한 한남동과 가까운 이태원에는 외국인들이 많이 산다. 패션5는 빵을 주식으로 하는 외국인들의 입맛을 만족시킬 수 있을지 시험해보고 싶었을 것이다. 결과는 대성공. 패션5가 생긴 지 얼마 안 돼 외국인들 사이에서 입소문이 나 한남동과 이태원에 사는 외국인뿐 아니라 동부이촌동에 사는 외국인들까지 빵을 사기 위해 일부러 패션5에 찾아왔다고 한다.

외국인들로부터 좋은 평가를 받으면서 SPC는 파리바게트를 미국에 진출시켜 성공적으로 자리를 잡았다. 외국인들의 주식 빵인 바게트나 호밀빵도 반응이 좋지만 달콤한 디저트 빵의 인기가 폭발적이라고 한다. 파리바게트 외에도 미국에 진출한 외식업 브랜드들이 많은데, 살아남은 브랜드는 파리바게트가 유일하다. 미국뿐만 아니라 빵의 본고장이라 불리는 파리에서도 파리바게트가 성공적으로 자리를 잡았다. 이 모두가 해외 시장에 진출하기 전에 패션5를 만들어 충분히 연구하고 준비한 시간들이 있었기에 가능하지 않았을까.

플래그십의 버전업을 보여주다

"아무리 다르다고 해도 빵집이 다르면 얼마나 다를까?"

직접 패션5를 보기 전에는 이런 생각을 할 수 있다. 패션5가 파리바게트와 파리크라상을 운영하는 SPC그룹 매장이라는 것을 알면 패션5를 조금 더 고급스러운 매장 정도로 생각하기도 한다.

파리크라상과 파리바게트는 비슷한 것 같지만 다르다. 파리크라상은 SPC가 직영으로 운영하는 매장이고, 파리바게트는 가맹점으로 운영하는 매장이다. 직영점과 가맹점의 갈등을 없애기 위해 SPC는 파리크라상과 파리바게트에서 파는 빵의 종류를 일부 차별화하고, 가격도 달리한다. 대체적으로 직영점인 파리크라상에서는 파리바게트보다 좋은 재료를 쓰고 창의성을 더한 빵을 비싼 가격에 판다.

파리크라상과 파리바게트의 차이가 이종사촌 정도의 차이라면, 패션5는 완전히 다른 차원이다. 파리크라상과 파리바게트와 비교를 하는 것 자체가 무의미할 정도로 아예 다른 세계다.

패션5라는 이름에 걸맞게 패션5에는 다섯 가지의 열정이 녹아 있다. 빵, 디저트용 과자, 케이크, 초콜릿 등을 각각 따로 섹션을 마련해 판다. 공간이 워낙 넓다 보니 각 섹션별 공간도 상당히 큰데, 어느 섹션이든 생전 처음 보는 것들로 가득하다.

패션5에서 파는 빵은 빵이라기보다는 예술작품이라 해도 손색

패션5 내부 공간은 이름에 맞게 네 가지로 구분되어 있다.
1) 카페 2) 베이커리 3) 케이크 4) 초콜릿 나머지 하나는 고객이다.

이 없다. 너무 예쁘고 멋있어 차마 먹기가 아까울 정도다. 모양만 화려하고 예쁜 것이 아니라 맛도 수준급이다. 어찌나 종류가 다양한지 한 바퀴 돌면서 보는 데만도 꽤 시간이 걸린다.

더 놀라운 것은 이미 진귀한 빵들로 가득한데 새로 개발한 빵을 수시로 선보인다는 것이다. 이는 패션5에 50여 명의 셰프가 매일 빵을 연구하고 만들 수 있는 주방이 있기 때문에 가능한 일이다. 패션5의 지하 1~2층 전부가 주방인데, 이곳은 단순한 주방이 아닌 패션5의 심장과도 같은 연구개발실인 셈이다.

패션5에서 개발한 빵 중 많은 인기를 끈 빵은 직영점이나 가맹점으로 나가기도 한다. 일단 파리크라상에서 다시 한번 검증의 시간을 갖고 여기서도 인기가 확인되면 전국 파리바게트 매장에서 본격적으로 판매한다. 제품을 상용화하기 전에 고객들을 대상으로 현장 테스트를 거치는 것이 성공을 위한 매우 중요한 과정임을 잘 보여준다.

패션5는 빵뿐만 아니라 공간에도 끊임없이 변화를 준다. 나는 비교적 초창기부터 패션5를 이용했는데 그동안 꽤 많은 변화가 있었다. 처음 패션5가 생겼을 때만 해도 2층에 로스팅 기계가 있었다. 당시만 해도 로스팅 기계가 많지 않던 시절이어서 주목을 받았는데, 어느 순간 없어졌다. 아마 작은 카페에서도 로스팅 기계를 들여놓으면서 어디서든 흔하게 볼 수 있게 된 시점이었던 것 같다. 어디에서나 볼 수 있는 것은 패션5에 어울리지 않는다.

이 밖에도 소소한 변화가 많았다. 기본 틀을 유지하면서, 고객들의 특별한 날 추억이 될 만한 케이크부터 시즌별·테마별로 나오

베이커리에서 판매 중인 빵을 소개하고 있는 카탈로그. 카탈로그를 보관하고 있는 입간판 모양이 특이하다.

는 다양한 초콜릿과 과자 등 새로움과 특별함을 선사하는 방향으로 변해왔다. 변화하되 변함없는 즐거움을 고객에게 지속적으로 선사하는 것. 패션5를 보면서 이 비즈니스의 불변의 법칙을 한 번 더 확인하곤 한다.

빵, 디저트 과자, 케이크, 아이스크림, 음료 등이 종류별로 구분돼 진열되어 있다. 대부분 다른 빵집에서는 보기 힘든 패션5만의 제품들이다.

패션5의 진화: SPC스퀘어와 SPC플레이

SPC그룹의 플래그십 스토어는 한남동의 패션5 말고도 두 곳이 더 있다. 하나는 SPC가 강남에 두 번째로 만든 'SPC스퀘어'이고, 다른 하나는 청담동에 세 번째로 만든 'SPC플레이'다.

똑같은 플래그십 스토어라도 주 고객층이 누구인가에 따라 차별화를 해야 한다. 고객이 좋아할 만한 요소를 고려해 콘셉트를 달리하고, 플래그십 스토어만의 특징을 살려야 지속할 수 있는 힘을 얻는다. SPC의 세 플래그십 스토어를 보면 확실히 제일 나중에 만든 SPC플레이가 요즘 트렌드를 반영하면서 고유의 콘셉트를 잘 살린 느낌이다. 빵을 연구개발하면서 점점 더 좋은 빵을 만들게 되듯이, 패션5를 운영하면서 경험적으로 얻은 노하우가 다음 플래그십 스토어를 만들 때 훌륭한 가이드 역할을 한 것 같다.

강남에 있는 SPC스퀘어는 SPC그룹이 운영하는 직영 브랜드를 다 모아놓은 '복합 외식문화공간'이다. 1층에는 정통 나폴리 피자를 즐길 수 있는 '베라피자'와 스페셜티 커피 브랜드 '커피앳웍스'가 있고, 1층 일부와 2층에는 브런치&디저트 카페 '라뜰리에'와 독일식 델리펍 '그릭슈바인', 3층에는 이탈리안 그릴 비스트로 '라그릴리아'가 있다.

아침에 가면 브런치를 위한 1층과 2층 반 정도만 오픈되어 있고, 점심시간 이후부터는 모든 층의 매장이 오픈한다. 브랜드가 다양하지 않아 아쉬울 수도 있지만 전략적으로 꼭 필요한 브랜드만 적절히 큐레이션한 것으로 보인다. 요즘에는 너무 선택의 폭이 넓은

SPC스퀘어 건물. SPC그룹이 운영하는 직영 브랜드를 다 모아놓았다.

SPC스퀘어 내부. 투명한 엘리베이터 자체로도 멋진데, 엘리베이터를 타는 동안 가나아트홀과 콜라보한 미술작품을 감상할 수 있다.

것을 부담스러워하는 고객들도 꽤 많다. 비록 브랜드는 적어도 아침, 점심, 저녁 세끼를 메뉴를 달리하며 맛있게 즐기기에 큰 무리가 없어 보인다.

SPC스퀘어는 고객들이 엘리베이터를 타고 내릴 때 미술작품을 감상할 수 있도록 했다. 가나아트홀에서 렌탈해 전시해놓은 작품들인데, 외식과 문화를 연결한 좋은 시도라고 본다. 지금은 SPC스퀘어뿐만 아니라 많은 외식업체들이 문화를 접목하는 추세다.

SPC플레이는 개인적으로 제일 좋아하는 플래그십 스토어다. 패션5나 SPC스퀘어에 비해 SPC플레이는 먹으면서 재미있는 경험을 할 수 있는 놀 거리가 많기 때문이다. 외식산업에 흥미로운 경험을 융합한 '푸드테인먼트(Food+Entertainment)'를 지향하는 문화공간을 자처하고 있는 만큼, 각 브랜드별로 체험할 수 있는 경험들이 다양하게 준비되어 있다.

SPC플레이 1층은 '쉐이크쉑 버거', 2층은 '라그릴리아 그릴&플레이', 3층은 '배스킨라빈스 브라운'이다. 건물 한쪽에는 이 3개 브랜드의 공간을 잇는 시닉 인피니티 미러(scenic infinity mirror) 엘리베이터를 설치했다. '시닉 인피니티 미러'는 반사를 이용해 SPC 형상이 무한히 반복되는 것처럼 보이게 하는 거울인데, 엘리베이터를 타는 순간부터 재미와 흥미로 설레게 된다.

2층 라그릴리아는 내부 공간부터 무척 분위기가 있다. 멋진 공간만큼이나 음식과 놀이를 조화롭게 즐길 수 있도록 구성했다. 음식을 먹을 수 있는 공간, 스페셜 예약을 위한 공간, 체험 공간을 구분했고, 특히 체험 공간은 내부 끝에 마련되어 있어 식사 분위기를 해

SPC플레이에는 가족 단위 방문객들도 많기 때문에 아이들이 좋아할 만한 상점도 있다. 사진은 '플라잉 타이거 코펜하겐'의 모습. 플라잉 타이거 코펜하겐은 1995년 덴마크 코펜하겐에서 시작된 브랜드로 전 세계 곳곳에 매장을 운영하고 있다. 이곳에서는 재미 있는 디자인 상품을 만날 수 있다.

치지 않는다.

　나는 점심시간에 라그릴리아에 들렀는데 메뉴는 두 가지뿐이었다. 메뉴가 많으면 선택의 폭이 넓어 좋을 수도 있지만 요즘은 꼭 필요한 몇 가지만 골라 고객들이 쉽게 선택할 수 있게 돕는 추세다. 그런 의미에서 메뉴를 두 개로 한정한 것은 괜찮은 전략으로 보였다. 고객들은 선택하는 데 고민하지 않아서 좋고, 음식점 입장에서는 확실하게 메뉴를 준비해 만족도를 높일 수 있으니 서로 나쁠 것이 없다.

청담동 SPC플레이. 1층에 쉐이크쉑 청담점, 2층에 이탈리안 레스토랑 라그릴리아, 3층에 배스킨라빈스 브라운이 입점해 있다.

체험장에 있는 게임기. 해피포인트 앱만 있으면 추억의 게임들을 자유롭게 즐길 수 있다.

체험장 내에 있는 테이블 축구 게임. 이 역시 해피포인트로 즐길 수 있다.

주방도 오픈된 구조다. 주방에서 요리하는 과정을 모두 볼 수 있어 음식에 대한 기대감과 신뢰감이 상승하기도 하지만, 요리 과정을 보는 것 자체가 하나의 쇼를 보는 느낌이다.

무엇보다 라그릴리아에서 파는 메뉴는 배달이 된다. 배달 전문 음식이 아닌 제대로 된 음식을 배달시켜 먹을 수 있다는 것은 바쁜 현대인들에게는 반가운 소식이 아닐 수 없다.

체험장에는 추억의 아케이드 오락기, 테이블 축구, 디지털 주크박스 등이 준비되어 있다. 이 놀이를 즐기려면 해피포인트 앱이 필요하다. 앱을 깔고 놀이기구에 바코드를 찍는 것처럼 대면 원하는 게임을 즐길 수 있다. 1일 1회는 해피포인트 차감 없이 무료로 이용할 수 있는 것만으로도 행복해진다.

3층 배스킨라빈스 브라운에도 다양한 재미와 체험거리가 가득하다. 이곳에서는 그동안 배스킨라빈스에서 선보였던 아이스크림을 모두 만날 수 있다. 신제품에 밀려 사라진 모든 아이스크림의 맛을 볼 수 있다는 것만으로도 설레지만 다양한 방법으로 아이스크림을 즐길 수 있어 더 좋다. 예를 들어 열두 가지 아이스크림을 샘플로 먹어볼 수 있는 '샘플러'도 눈길을 끌고, 아이스크림에 피자를 접목한 디저트 '폴라 피자', 내 맘대로 만들어볼 수 있는 'DIY 케이크', 100만 원짜리 아이스크림 케이크 등도 호기심을 불러일으킨다.

SPC플레이답게 체험하고 즐길 수 있는 놀이들도 많다. 재미있게 사진을 찍을 수 있는 포토 ATM은 가족이나 연인들에게 인기가 많고, 경품을 뽑을 수 있는 크레인 머신도 인기 폭발이다. 나도 크레인 머신에서 인형 하나를 뽑았는데, 그 작은 인형이 그렇게 큰 기쁨을 줄 수 있다는 데 새삼 놀랐다. 이 모든 놀이는 해피포인트 앱

SPC플레이에 입점한 배스킨라빈스 브라운. 이곳에서는 100가지 아이스크림을 맛볼 수 있다.

배스킨라빈스 브라운의 열두 가지 샘플러 메뉴

입구에 들어서면 벽면에 배스킨라빈스의 시그니처인 아이스크림 숟가락이 보인다. 여기에는 유명 연예인들의 사인이 담겨 있다.

배스킨라빈스 브라운 내에 설치된 크레인 머신

만 깔려 있다면 포인트 차감 없이 부담 없이 즐길 수 있다.

SPC플레이를 보면서 플래그십 스토어도 끊임없이 진화해야 고객들을 감동시킬 수 있음을 확인했다. 처음에는 최고의 수준을 보여주는 것만으로도 감탄을 자아냈다면 이후에는 다양한 문화를 접목하고, 고객이 직접 체험하고 즐길 수 있는 차별화된 서비스를 제공해야 한다. 이 이후에는 플래그십 스토어가 어떤 모습으로 진화할지 벌써부터 궁금해진다.

맥심 플랜트,
서재와 오피스를 대체한 카페

한남동에는 멋진 카페들이 많다. 갤러리카페, 북카페 등 문화와 예술을 접목한 카페도 많고, 공간 자체가 남다른 분위기를 연출하는 개성 넘치는 카페들도 쉽게 만날 수 있다.

사람마다 카페를 찾는 이유도 조금씩 다르다. 요즘에는 인스턴트 커피의 수준도 훌륭해 단순히 맛있는 커피를 마시기 위해 카페를 찾지는 않는다. 사람들과 만나 담소를 즐기기 위해 혹은 혼자 조용히 분위기 있는 곳에서 생각을 정리하기 위해 카페에 가는 경우가 많다. 카페를 사무실 삼아 노트북을 앞에 놓고 업무를 처리하는 사람들과 책을 읽는 사람들도 종종 눈에 띈다. 이제 카페는 단순히 차를 마시는 공간이 아니라 업무를 보는 사무실이나 비즈니스 미팅룸, 혹은 자신의 서재를 대신하는 공간이 되었음을 실감한다.

저마다의 개성을 뽐내는 카페 중 유독 눈에 띄는 곳이 바로 맥심 플랜트(Maxim Plant)다. 한강진역 초입에 있는 블루스퀘어에서 이태원 쪽으로 내려가다 보면 미래 도시에서나 볼 수 있을 법한 멋진 건물들이 줄줄이 눈에 들어온다. 그중 블랙으로 세련된 느낌을 주면서도 건물 전면을 유리로 장식해 개방감을 주는 건물이 최근 한남동의 핫플레이스로 주목받는 맥심 플랜트다.

맥심 플랜트 정면 모습.1층이 오픈형 테라스 형태로, 날씨가 좋을 땐
열어두기 때문에 바깥 풍경을 즐기며 커피를 마실 수 있다.

1층 오픈 공간을 안에서 바라본 모습

'사람들이 카페를 찾는 목적이 무엇인가'에 답하다

맥심 플랜트를 찾은 사람들은 두 번 놀란다. 들어가기도 전에 카페라고 하기에는 너무나 웅장하면서도 멋진 외관에 놀라고, 안에 들어가면 기존의 카페와는 차원이 다른 감각적인 공간 구성에 절로 감탄을 연발한다. 커피를 마셔보기도 전에 이미 맥심 플랜트의 독특한 공간에 매료되어 층별로 바쁘게 시선을 옮기며 분위기에 취한다.

맥심 플랜트가 단숨에 사람들의 마음을 사로잡은 것은 우연이 아니다. 동서식품은 2013년 부지를 매입한 이후 지금의 맥심 플랜

지하 2층 커피 랩. 커피 공장을 방불케 하는 멋진 로스터 기계로
꽉 차 있다. 원두를 로스팅하는 과정을 볼 수 있어 좋다.

트를 만들기 위한 투자를 아끼지 않았다. 최고의 전문가들을 초빙해 건물의 콘셉트와 설계를 맡겼고, 수많은 고민을 거듭한 결과 동서식품의 아이덴티티를 살리면서도 고급 커피 문화를 지향하는 공간을 완성할 수 있었다.

맥심 플랜트는 지하 4층부터 지상 4층까지 총 8층으로 구성되어 있다. 지하 4층은 맥심 플랜트 뒷길로 이어지는 층이고, 지하 3층과 지상 4층은 사무실이어서 실제로 보거나 즐길 수 있는 공간은 지하 2층부터 지상 3층까지 다섯 개 층이다.

지하 2층은 로스팅 룸과 아카데미 공간으로 꾸며져 있다. 로스팅 룸은 원두의 맛과 향, 속성을 연구하는 공간이다. 로스팅 룸에 있는 거대한 로스터만 봐도 맥심이 맛있는 커피를 만들기 위해 얼마나 노력하는지를 짐작할 수 있다.

지하 1층은 혼자서 조용히 책을 읽거나 일하기 좋은 공간이다. '라이브러리'라는 이름에 걸맞게 한 면에는 책꽂이에 책이 진열되어 있고, 무엇보다 중앙에 있는 테이블이 크고 널찍해 여러 사람이 앉아도 방해받지 않을 수 있다.

1층과 2층은 가운데가 뻥 뚫려 있어 더욱더 시원한 느낌을 준다. 1층에는 거리와 인접한 오픈된 공간이 있는데, 너무 춥거나 덥지 않을 때는 노천카페 역할을 톡톡히 한다.

3층 '더 리저브'는 자신의 취향에 맞는 스페셜 커피를 마실 수 있는 공간이다. 값은 1~2층에서 판매하는 커피보다 비싸지만 자신이 좋아하는 맛, 향 등을 직접 골라 마시는 재미가 가격 부담을 잊게 만든다. 더 리저브 창문 밖으로 펼쳐지는 한남동의 모습을 내려다

지하 1층 라이브러리. 조용하게 책을 읽거나 일하기에 좋은 공간이다.

보며 커피를 마시는 재미도 쏠쏠하다.

맥심 플랜트는 전체적으로는 통일감이 있으면서도 각 층별로 매력이 다르고, 같은 층이라도 조금씩 다른 분위기의 공간들이 있다. 이처럼 맥심 플랜트 안에서 지루하지 않게 다양한 공간을 즐길 수 있어 사람들의 발길이 끊이지 않는 듯하다.

공감각 커피 테스트 결과지. 자신의 커피 타입에 해당되는
음악과 좋은 글이 함께 담겨 있다.

인스턴트 커피 회사가 카페를 차린 이유

소비자 입장에서 보면 확실히 맥심 플랜트는 매력적인 공간이다. 물론 소소하게 아쉬운 부분은 있다. 개인적으로는 만만치 않은 커피 값에 비해 디테일이 떨어지는 느낌이었다.

커피 맛은 괜찮다. 직접 자신이 좋아하는 맛과 향을 선택했으니 실패할 일이 없다. 하지만 3층 더 리저브의 경우 커피가 잔에서 넘칠 정도로 많이 줘 잔을 들 때 불안했다. 라떼라면 커피잔 가득 찰랑찰랑해도 괜찮지만 아메리카노나 핸드드립으로 내린 커피는 너무 많으면 잔을 들었을 때 넘치기가 쉽다. 지인들과 자주 더 리저브를 가는 편인데, 그때마다 똑같은 걸 보면 잔에 가득 커피를 담아주는 것이 원칙인 듯하다. 고객들의 편의를 위해 커피잔의 크기를 다시 고민해보았으면 하는 마음이다.

공감각 커피 테스트 코너의 위치와 크기도 변화한다면 좋을 것이다. 더 리저브는 자기 취향에 맞는 스페셜티 커피를 마실 수 있는 특별한 공간이기 때문에, 공감각 커피 테스트 코너가 들어가자마자 바로 눈에 띄는 곳에 있었으면 더 좋았을 것 같다. 입구 왼쪽에 자리를 마련해 잘 보이지 않는 데다 공간 자체도 좁다. 입소문을 내려면 고객들이 이 공간에서 사진을 예쁘게 찍을 수 있어야 하는데, 공간이 좁아 한계가 있다.

테스트 코너를 제외한 나머지 공간은 고객 입장에서 보면 다 훌륭하다. 3층뿐만 아니라 다른 층들도 다 나무랄 데가 없다. 하지만 비즈니스 관점에서 보면 동서식품이 맥심 플랜트를 만든 근본적인 이유를 고민할 수밖에 없다.

맥심 플랜트의 공간은 유난히 넓고 쾌적하다. 맥심 플랜트처럼 공간을 구성한 카페는 거의 없다. 특히 임대료가 비싼 도심에서는 더더욱 보기 힘들다. 멋지고 편안한 공간일수록 사람들이 좋아하는 것은 당연한 일이다. 다른 카페들도 다 안다. 그럼에도 맥심 플랜트처럼 과감하게 공간을 꾸미지 못하는 데는 이유가 있다. 수지 타산이 맞지 않기 때문이다. 공간에 놓는 테이블 수는 곧 매출과 직결된다. 테이블 수가 많을수록 동시에 받을 수 있는 손님의 숫자가 많아지고, 그만큼 매출이 늘기 마련이다. 그렇다고 고객의 편의는 생각지도 않고 무조건 테이블을 빽빽하게 놓아도 고객들이 외면하기 때문에 고객의 입장과 사업자의 입장을 잘 고려해 무난한 접점을 찾는 것이 중요하다.

그런 관점에서 본다면 맥심 플랜트는 쾌적한 공간을 위해 수익을 포기한 것처럼 느껴지기도 한다. 맥심 플랜트는 지하 1층부터 지상 3층까지 여유롭지 않은 곳이 없다. 마치 공간의 절반을 여백으로 남겨둔 느낌이다. 특히 3층은 더욱 그렇다. 그 넓은 공간에 테이블은 고작 네 개뿐이다. 테라스에 테이블이 몇 개 더 있기는 하지만 겨울에는 이용할 수가 없다.

앉을 수 있는 테이블이 적은 데는 주방도 한몫을 한다. 공간 한가운데에 있는 주방은 사방이 트인 'ㅁ'자형 구조이다. 주방을 'ㅁ'자형 구조로 만들고 앞에 의자를 배치한 이유는 '쇼 비즈니스'를 위한 것이다. 내가 주문한 음식이 눈앞에서 만들어지는 과정을 지켜본다는 것은 흥미로우면서도 신선한 경험이다. 고객들은 마치 쇼를 관람하듯 바리스타가 커피를 내리는 모습을 보며 공간과 커피에 더 흠뻑 취할 수 있다.

현재 맥심 플랜트가 어느 정도의 수익을 내는지 궁금하다. 2018년 5월에 오픈했으니 아직 수익구조를 따지는 것은 무리가 있다. 모든 사업이 손익분기점에 도달하기까지는 시간이 걸린다. 맥심 플랜트도 시간이 지날수록 수익이 증가하겠지만, 당장의 수익 정도보다 왜 동서식품이 맥심 플랜트를 만들었는지를 생각해볼 필요가 있다.

맥심 플랜트는 동서식품을 대표하는 플래그십 스토어다. 플래그십 스토어는 당장의 수익을 창출하는 것보다는 브랜드의 성격과 이미지를 극대화하는 역할을 한다. 동서식품은 수십 년 동안 인스턴트 커피 시장을 주도한 회사다. 그 오랜 세월 동안 우리나라 사람들의 입맛을 사로잡을 수 있었던 배경에는 좋은 커피를 만들기 위한 끊임없는 노력이 있었다. 그럼에도 소비자들에게는 커피믹스 이미지가 워낙 강하다. 카누처럼 풍미가 강하고 좋은 커피까지 만들었음에도 기술력을 제대로 평가받지 못한 것은 아마도 커피믹스의 이미지 때문일 것이다.

맥심 플랜트는 카페이기 전에 맥심의 커피에 대한 자부심과 기술력을 유감없이 보여주는 공간이다. 동서식품으로서는 맥심 플랜트를 통해 많은 사람들의 입맛을 겨냥한 평균 수준의 커피가 아닌 최고급 커피도 얼마든지 개발할 수 있다는 것을 입증하고 싶었을 것이다.

그동안 맥심을 사랑해준 소비자들에게 보답하고 싶은 마음도 한 몫을 했던 것으로 보인다. 맥심 플랜트는 도심 속의 정원 같은 공간이다. 커피를 파는 공간이기 전에 각박한 도시에서 지친 사람들이 마치 녹색 자연에 있는 것처럼 편안하게 맛있는 커피를 즐길 수 있는 공간이기를 원했을 것이다. 그런 차원에서 맥심 플랜트 역시 소비자들에게 능동적인 선의를 행하는 CSR 정신을 구현하고 싶었을지도 모른다.

한편으로는 맥심 브랜드의 철학과 커피에 대한 기술력을 보여주고, 다른 한편으로는 고객에게 다양한 경험을 할 수 있는 공간을 선물하려는 의도는 단지 멋진 공간에 취해 있을 때는 볼 수 없는 것들이다. 그래서 비즈니스 관점에서 보고 해석하려는 노력이 필요하다. 소비자로서 공간을 보고 즐기면서 인사이트를 얻는 것도 좋지만 비즈니스 관점에서 수익구조를 살펴보고 궁극적으로 추구하는 목표가 무엇인지를 생각해보는 것도 중요하다. 그래야 무엇을 내 사업에 적용하고 무엇을 조심해야 하는지가 제대로 보인다.

카페는 단지 커피를 마시는 곳만이 아니다. 사람들과 만나 담소를 나누고 음악을 듣고 책을 보면서 휴식을 즐기는 공간이다. 요즘은 카페를 비즈니스 미팅이나 공부 장소로 이용하는 사람들도 많아졌다. 그래서 카페는 분위기와 공간 연출에 신경 써야 한다.

대부분의 카페는 공간을 확보하고 꾸미는 데 적잖은 시간과 노력을 투자하고, 고객들도 맥심 플랜트처럼 멋진 공간을 제공하는 카페를 선호한다. 카페의 핵심이 커피보다 공간에 있다고 보는 것도 이런 이유 때문이다.

하지만 꼭 공간 사업으로 접근해야 성공하는 것은 아니다. 일본에는 '마메야'라고 하는 작은 카페가 있다. 마메야에는 기존의 카페에 대한 공식을 뒤바꾼 색다름이 있다.

마메야, 커피의 본질인 '원두 맛'에 집중하다

대다수의 카페들이 중요시하는 공간과 분위기를 생각한다면 마메야는 기존의 패러다임을 깬 새로운 개념의 카페이다. 공간 자체도 무척 좁은 데다 커피를 고를 수 있는 카운터만 있고, 손님이 앉을 수 있는 의자가 없다. 앉아서 여유롭게 주문한 커피를 즐기기는 애초에 불가능하다.

그럼에도 마메야에는 연일 사람들이 북적인다. 사람이 많을 때는 그 좁은 공간에서 불편하게 대기해야 하는데도 기꺼이 줄을 서서 차례를 기다린다. 나도 직접 마메야를 찾아 내 눈으로 보기 전까지는 대체 왜 사람들이 마메야에 열광하는지 이유를 알지 못했다.

지인들과 일본 액티비티 트립을 할 때 마메야를 처음 만났다. 마메야는 오후 6시면 문을 닫는다. 시간이 촉박하기도 했고, 위치가 주택가인 데다 간판도 잘 보이지 않아 마메야에 도착했을 즈음에는 이미 피곤했던 몸이 더 지쳐버려 당장이라도 쓰러질 것 같은 상태였다.

마메야의 첫 모습은 무척 낯설었다. 카페라기보다는 마치 한약방 같은 느낌이었다. 바리스타도 약사 가운 같은 연회색 옷을 입고 있어 커피를 내리기보다는 한약을 제조하는 사람들처럼 보이기도 했다. 바리스타가 서 있는 등 뒤 벽면에 원두를 담은 봉투들이 빼곡히 진열돼 더욱 한약방에 온 것 같은 느낌을 불러일으켰다.

무척 피곤한 상태라 빨리 커피를 마시고 싶었지만 앞 손님들이 바리스타와 상담 중이라 한참을 기다려야 했다. 드디어 내 차례가

마메야 입구에서 커피를 들고 찍은 사진. 반듯한 네모 모양의 입구에
검은색 페인트로 칠해진 벽면. 간판이 없는 모습이 특이하다.

벽면에 가득 진열되어 있는 원두 봉지와 약사 가운 같은 옷을 입은
바리스타 때문에 한약방 같은 느낌이 난다.

되어 카운트 앞에 서니 바리스타가 마치 의사가 문진을 하듯 이런 저런 질문을 했다. 어떤 커피를 좋아하는지, 어떤 향과 맛을 좋아하는지, 커피를 차갑게 마실 것인지, 뜨겁게 마실 것인지 상세하게 물었다.

나는 유학 경험이 있어 일본어로 대화했지만 함께 간 일행들은 영어로 주문했다. 마메야 바리스타는 영어도 할 줄 안다. 영어를 잘 몰라도 기본적인 몇 가지 단어만으로도 취향에 맞는 커피에 대한 이야기는 충분히 나눌 수 있다.

바리스타는 내 대답을 듣고 몇 가지 원두를 추천해주고, 직접 커피를 내려주었다. 한 잔은 에스프레소로, 또 한 잔은 아이스로 마셨는데, 두 잔 모두 훌륭했다. 마치 보약을 먹은 것처럼 피로가 풀리고 에너지를 재충전한 느낌이었다. 결국 더 마음에 드는 원두를 산 후 마메야를 나왔다.

마메야를 직접 둘러본 후 비로소 마메야가 일반 카페와는 지향점이 다르다는 것을 실감할 수 있었다. 마메야는 커피를 파는 카페가 아니라 말 그대로 '마메'(콩, 원두)를 파는 '야'(가게)다. 물론 매장 내에서 커피를 마실 수는 있지만 어디까지나 자기에게 맞는 최적의 원두를 찾기 위한 원두 가게이고, 샘플러 판매로 커피를 마실 수 있는 곳이다. 스페셜 원두를 판매하고, 고객이 가장 맛있게 커피를 즐길 수 있도록 바리스타가 레시피를 알려주는 것에 집중하니 굳이 넓은 공간이 필요치 않다.

실제로 마메야는 아주 작다. 바리스타 두 명이 커피를 골라 내려주고, 카운터 앞에 몇 명의 고객이 기다릴 수 있는 공간이 전부다.

네모난 빵을 비롯해 간판, 포장지, 판매데스크 등 마메야에서는
어딜 봐도 네모가 눈에 띈다.

스페셜 원두를 제대로 즐길 수 있도록 손으로 직접 레시피를
적어준다. 마메야의 감수성을 상징하는 장면이다.

대신 원두 가게답게 원두를 멋있게 진열하고, 고객이 다양한 종류의 원두를 쉽게 이해할 수 있게 하는 데 신경을 많이 썼다.

원두는 산지별로 맛과 풍미가 다르고, 로스팅의 정도에 따라 또 맛과 풍미가 달라진다. 마메야는 커피를 잘 모르는 사람들도 자신의 취향에 맞는 원두를 고를 수 있도록 메뉴판에 원두 원산지와 간단한 특징을 적어놓았다. 메뉴판 위로 갈수록 산미가 강하고, 아래로 갈수록 색깔이 진해지는데, 이는 로스팅의 정도와 일치한다.

마메야의 비즈니스 모델은 고객들의 입맛에 맞는 원두를 지속적으로 판매하는 것이다. 커피는 일종의 기호식품이어서 한번 입맛이 들리면 계속 그 커피를 찾을 가능성이 크다. 내가 마메야를 찾았을 때 카운터에서 맛본 커피는 한 잔에 약 4,000원(400엔)가량 했다. 원두 한 패키지는 20,000원(2,000엔) 정도 했으니 더해서 약 28,000원을 지불한 셈이다. 내 취향에 맞는 커피를 찾느라 15분 정도를 머물렀지만 그 정도 시간에 손님 한 사람이 쓴 돈(객단가)이 28,000원이면 공간 사업을 지향하는 카페보다 수익성이 훨씬 높은 편이다.

마메야는 원두만 파는 것이 아니다. 프랜차이즈 사업도 한다. 카페로서의 마메야가 다른 카페와는 확실한 차이가 있듯이 프랜차이즈를 운영하는 방식도 남다르다.

나는 처음 마메야의 프랜차이즈 구조를 보고 마치 뒤통수를 한 대 맞은 느낌이었다. 마메야 홈페이지는 '○○○.koffee.com'으로 되어 있다. 처음에는 '○○○'이 오자인 줄 알았는데, 여기에는 마메야의 깊은 의도가 담겨 있었다. 일반적으로 프랜차이즈가 브랜

마메야 일본 프랜차이즈점 도라노몬 커피. 'KOFFEE'와 네모 모양
인테리어가 마메야 프랜차이즈임을 짐작하게 한다.

브랜드와 주소, 약도를 넣어 만든 커피 여과지가 인상적이다.

드를 앞세우고, 브랜드를 사용하는 대가를 받는 것과는 달리 마메야는 '마메야'를 앞세우지 않아도 된다고 허용한 것이다. 실제로 일본 도라노몬역 근처에 마메야에서 원두를 공급받는 카페가 있는데, 이름이 '도라노몬 커피'다.

도라노몬 커피는 '마메야'라는 이름을 걸지는 않았지만 마메야와 비슷한 느낌이 물씬 풍긴다. 마메야 인테리어는 '네모'가 핵심인데, 네모 입간판과 네모로 구성된 주방이 마메야와 꼭 닮았다.

똑같은 브랜드명을 고집하지 않듯이 인테리어도 똑같은 인테리어를 강요하지 않는다. 원목으로 된 네모 주방을 제외하면 나머지는 지점이 자유롭게 할 수 있도록 허용했다. 네모 주방도 혼자 서서 커피를 뽑을 수 있는 크기가 기본이다. 최소한의 기본 틀만 제시하고, 나머지는 각 지점이 자신만의 개성을 살릴 수 있도록 배려한 것이다.

마메야의 프랜차이즈 구조를 보면서 프랜차이즈의 좋은 점만 살리고, 사람들이 싫어하는 것은 다 뺀 것 같은 느낌을 받았다. 이런 구조라면 큰돈 들이지 않고 얼마든지 프랜차이즈 창업을 할 수 있다는 생각도 들었다. 매장 규모가 작아도 괜찮고, 옷 매장이나 액세서리 매장 등 커피와 어울리는 매장에 샵앤샵 형태로도 얼마든지 가능하다.

바리스타의 옷도 마메야 프랜차이즈를 표현하는 수단이다. 마메야에서처럼 프랜차이즈 바리스타들도 다 흰색 가운을 입는다. 해외 지점들도 다 마찬가지다.

다만 해외 지점들은 '싱가포르 코피', '대만 코피', '방콕 코피'처럼 지역명이 아닌 '오모테산도 코피'라는 이름을 앞세웠다. 아마도 워낙 해외에서 마메야의 전신인 오모테산도 커피를 좋아하는 사람들이 많다 보니 좀 더 직접적으로 오모테산도 커피를 파는 카페임을 알리고 싶었던 것 같다.

마메야 프랜차이즈는 굳이 똑같은 브랜드와 인테리어가 아니라도 얼마든지 프랜차이즈를 만들 수 있다는 것을 보여준 좋은 예다. 본사와 지점이 윈윈할 수 있는 가능성을 보여준 마메야이기에 앞으로 어떤 모습을 보여줄지 기대가 된다.

모든 비즈니스는 소재가 같다고 비즈니스를 하는 방식이 같지는 않다. 소재가 아닌 비즈니스의 핵심을 보려고 노력하는 것이 중요하다. 마메야의 경우 워낙 다른 카페와는 차별화되어 있어 일반 소비자 관점에서도 그 핵심이 쉽게 보일 수 있지만, 대부분은 겉모습만 보다 보면 핵심을 놓치게 되는 경우가 많다. 소비자와 비즈니스 모두의 관점에서 보려고 노력하다 보면 핵심을 보는 안목을 키울 수 있다.

마메야의 비즈니스 모델도 신선했지만 공간을 활용하는 방식도 흥미롭다. 마메야는 오후 6시까지만 원두를 판다. 이후에는 오후 7시부터 아카데미로 바뀐다. 같은 공간을 원두가게로, 아카데미로 이용해 공간의 효율성과 브랜드 가치를 높인다는 것도 비즈니스를 하는 사람이라면 눈여겨봐야 하는 대목이다.

마메야 대표 구니모토 에이치 인터뷰

"바리스타가 해야 할 일에만
집중한 결과가 마메야"

       일본에서 마메야를 처음 만난 후 마메야는 늘 나의 관심의 대상이었다. 몇 평 되지 않는 작은 공간에서 맛있는 커피로 전 세계 고객들의 마음을 사로잡은 것도 놀라운데, 어느 날 잘되던 카페를 접고 새로 지금의 마메야를 만들었다. 그것도 모자라 홍콩, 싱가포르, 태국 등 해외로 진출하더니 급기야 영국 런던에까지 영역을 확장하는 것을 보고 꼭 한 번은 마메야 대표를 만나 이야기를 해봐야겠다는 생각을 굳히게 되었다.

2018년 12월 영국에 출장을 갔을 때 페이스북 캠퍼스에서 오픈을 준비 중인 마메야를 보고 얼마나 놀랐는지 모른다. 페이스북 캠퍼스는 런던의 요지에 위치해 입점 자체가 어렵다. 게다가 유럽은 1~2년 잠깐 하다 그만둘 사람들에게는 애초에 매장을 임대해주지 않는다. 그런 곳에서 마메야를 만나니 대표를 만나고 싶은 마음이 더욱 간절해졌고, 결국 귀국해 바로 영국에서 찍은 마메야 사진과 함께 방문하고 싶다는 내용의 메일을 보냈다.

마메야 구니모토 에이치 대표는 곧바로 답장을 주었다. 마메야가 영국에서 오픈 중이라는 것을 아는 사람이 얼마 안 되는데, 어떻게 벌써 알았느냐며 만남을 흔쾌히 수락했다. 2019년 1월 드디어 일본 마메야 본사를 방문해 인터뷰를 시작했다.

Q. 이렇게 카페가 작은데 어떻게 홍콩, 싱가포르에 이어 영국까지 진출할 수 있었죠? 스폰서가 있었나요? 아니면 투자를 받았나요?

A. 스폰서는 마메야를 사랑하는 고객들이 다 스폰서입니다. 고맙게도 매장에 방문하신 고객들이 먼저 제안해주셔서 해외에 진출할 수 있었습니다.

Q. 왜 잘나가던 카페를 접고 새로 시작했나요? 워낙 인기가 많았으니 다른 사람에게 권리금을 받고 넘길 수도 있지 않았나요?

A. 건물이 너무 오래돼 쓰러질 것 같아 영업이 어려운 상황이었습니다. 새 매장을 구해서 나가야 할 형편이었는데, 타이밍이 애매하고 자본금이 넉넉지 않아 폐업할 수밖에 없었습니다. 또 그즈음 커피를 팔아도 격이 다른 커피를 팔고 싶다는 생각을 많이 해 더욱 미련 없이 카페를 닫을 수 있었습니다.

인터뷰를 하면서 마메야 대표는 누구보다도 본질에 집중하는 사람이라는 것을 알게 되었다.

"저는 바리스타입니다. 마메야를 만들기 전에 바리스타로 일하면서 내 미래, 내 비전은 무엇인지 끊임없이 고민했습니다."

인터뷰 내내 그는 자신이 '바리스타'임을 강조했다. 사실 마메야 대표를 만나기 전에는 바리스타가 원두를 로스팅하는 줄 알았다. 우리나라에서는 핸드드립으로 커피를 내려주는 카페 대부분이 로스터 기계를 들여놓고 바리스타가 로스팅을 하기 때문이다. 하지만 마메야 대표는 바리스타와 로스터의 역할을 분명하게 구분했다. 맛있는 생두를 찾아 생두의 성질을 고려해 가장 맛있게 로스팅하는 것은 어디까지나 로스터의 역할이고, 최상의 상태를 찾아서 로스팅한 원두를 가장 맛있게 먹을 수 있도록 내려주는 것이 바리스타라고 했다.

그 말을 듣고 나니 인터뷰하는 공간에 있던 커다란 원두 봉지가 선명하게 보였다. 마메야에서 직접 로스팅하는 줄 알았던 원두가 사실은 전 세계 로스터리에서 수입한 원두였고, 고객들에게 그 원두를 조금씩 나눠 파는 것이었다. 아마도 로스터와 바리스타의 차이를 미리 듣지 않았다면 조금은 실망했을지도 모른다. 하지만 어느 곳에서 나는 원두가 가장 맛있는 원두인지를 아는 것은 결코 쉬운 일이 아니다. 수없이 많은 원두를 먹어보고 또 먹어봐야 가능한 일이다. 그렇게 어렵게 찾은 원두를 가장 맛있게 마실 수 있게 하기 위해서는 역시 수많은 시행착오를 겪었을 것이 분명하다.

Q. 원두는 오래되면 산화돼 맛이 없는데, 원두를 수입하면 관리하기가 힘들지 않나요?
A. 저희가 주문을 하면 바로 로스팅해 이틀 만에 도착합니다. 배송 시간이 짧기도 하지만 작은 봉투에 포장할 때 질소 충전을 합니다. 이것이 포인트죠. 질소 충전을 하면 한 달은 원두의 맛과 향을 그대로 즐길 수 있어요.

일본도 아닌 세계 각지의 원두 업체로부터 이틀 만에 주문한 원두 받는다는 것은 그만큼 마메야가 VIP 고객이라는 증거나 마찬가지다. 실제로 마메야에 원두를 공급하는 업체들은 자부심을 갖는다고 한다. 까다롭게 원두를 선정하기로 유명한 마메야의 선택을 받았다는 것은 곧 원두의 우수성을 인정받은 것이라 생각하기 때문이다.

같은 원두라도 생산지의 환경 조건이나 로스팅 과정에서 품질이 떨어질 수도 있다. 이 경우 마메야는 심혈을 기울여 선정한 원두라도 고객에게 팔지 않는다. 그런 엄격함이 원두 업체들로 하여금 마메야의 기준에 부합하는 원두를 공급하기 위해 노력하게 만든다. 마메야가 원두를 평가하는 심사위원 같은 역할을 하는 셈이다.

Q. 마메야 하면 네모가 떠오릅니다. 마메야의 아이덴티티를 네모로 만든 이유나 계기가 있나요?

A. 제 이름이 한자로 '나라 국(國)'으로 시작합니다. '國'의 네모가 곧 저라고 생각하고 그 네모를 적용하려고 노력했습니다.

자신의 이름을 걸면 사업자 입장에서는 책임감을 더 강하게 느끼기 마련이다. 마메야 대표는 자신의 이름에서 딴 네모를 전면에 내세워 바리스타가 해야 할 일을 철저하게 바리스타 입장에서 고민했음을 알 수 있었다.

마메야의 네모는 카운터 뒤편, 간판, 메뉴판, 포장지 모두에서 볼 수 있다. 심지어 'K□FFEE'라는 폰트도 네모 느낌이 난다. 그중에서도 가장 핵심적인 네모는 주방이다. 마메야 대표는 키오스크를 보면서 네모 주방을 생각했다고 한다. 어디에나 들어갈 수 있는 키오스크처럼 어디에나 쉽게 들어갈 수 있고, 자연스럽게 어울릴 수 있는 카페를 만든 것이다. 자신이 그랬듯이 바리스타들은 자기 카페를 갖고 싶어 하는데, 그들에게 큰 부담 없이 카페를 열 수 있는 길을 열어주고 싶었다고 한다.

　마메야 대표와 인터뷰를 하면서 비즈니스는 본질에 집중하는 것임을 또 한 번 확인했다. 마메야 대표의 본질은 '바리스타'이다. 그래서 자기가 잘할 수 있는 바리스타 역할에만 충실했다. 마메야 대표는 그 흔한 SNS나 온라인 마케팅도 하지 않는다. 바리스타이기 때문에 좋은 원두를 수입해 커피를 내리는 일만 잘하면 된다고 생각했기 때문이다. 그럼에도 인터넷에는 마메야에 대한 정보가 넘친다. 모두 마메야를 찾았던

마메야 구니모토 에이치 대표

고객들이 감동하여 자발적으로 올려놓은 정보들이다.

마메야는 자본이 부족해도 본질에 충실하면 얼마든지 성공적으로 비즈니스를 할 수 있다는 것을 보여주는 좋은 사례이다. 자기가 잘할 수 있는 것을 찾아 그 본질을 중심에 두고 고민하면 못할 것이 없다. 또한 마케팅이든, 디자인이든 본질에 충실해야 빛을 발한다. 본질이 모호하면 화려한 수식어로 아무리 포장을 해도 한계가 있다. 어찌 보면 너무도 당연한 비즈니스의 핵심을 마메야 대표를 만나 확인할 수 있어 너무나도 소중한 시간이었다.

스페이스 신선,
CSR로 브랜드의 격을 차별화하다

　　블루스퀘어에서 패션5를 지나 이태원 쪽으로 몇 걸음 발걸음을 옮기면 쌍둥이처럼 생긴 하얀 건물을 만날 수 있다. 건물 외관부터 예사롭지 않다. 수천 개의 작은 블록들이 각도를 달리해 차곡차곡 쌓여 있는 모습이 신비한 느낌을 자아낸다. 가까이 가면 드디어 건물의 실체가 보이는데, 놀랍게도 하나는 전시관인 '스페이스 신선'이고, 다른 하나는 '신선설농탕'이다.

　　외식업으로서의 신선설농탕은 이미 유명하다. 대중적인 입맛을 사로잡아 전국 어디에서든 신선설농탕을 만나기란 그리 어려운 일이 아니다. 하지만 그 신선설농탕이 한남동에 그렇게 멋진 문화 전시관을 만들어놓았을 줄은 누구라도 쉽게 예상하지 못한다.

　　전시관도 그냥 흉내만 낸 것이 아니다. 두 건물의 크기는 거의 비슷하다. 상업적인 공간인 신선설농탕만 한 공간을 미술관으로 만들었다. '적당히'가 아니라 '제대로' 사람들에게 문화를 즐길 수 있는 공간을 제공하겠다는 의지가 엿보인다. 그래서 나는 스페이스 신선이 CSR(기업의 사회적 책임)을 훌륭히 구현해냄으로써 브랜드의 격을 한층 더 차별화시키는 데 성공했다고 생각한다.

　　외식과 문화를 접목하려는 시도는 많지만 스페이스 신선처럼 오랜 시간 제대로 준비해, 누구나 쉽게 들어올 수 있도록 문을 활짝 열고, 지속적으로 주제를 바꿔가며 전시관을 운영하는 업체는 많지 않다. 그것도 문화를 나누고 싶어 하는 순수한 마음으로 운영하는 업체는 극히 드물다. 그래서 같은 외식업에 종사하는 대표님 중에는 스페이스 신선을 보면서 발상의 전환이 필요하다며 스스로를 반성하고, 자신의 기업에 반영하려는 분들이 많다.

브랜드를 건물로 시각화하다

스페이스 신선을 둘러보다 보면 분명한 의도를 갖고 철저하게 준비해 만들어졌다는 느낌을 받는다. 스페이스 신선이 담고 있는 콘텐츠도 그렇고, 건물의 내부 구조도 전시관 외에는 다른 용도로 바꿀 수 없도록 설계되어 있다. 적당히 운영하다 그만둘 것이 아니라 앞으로도 지속적으로 운영하겠다는 기업의 의지가 엿보이는 대목이다.

스페이스 신선은 지상 4층, 지하 2층으로 구성되어 있다. 스페이스 신선과 바로 옆 신선설농탕과 고급 한식 레스토랑 시화담파인다이닝이 있는 건물 사이에는 계단이 있는데, 현실이 아닌 또 다른 세계로 안내하는 길처럼 보이기도 한다. '신선길'로 불리는 이 길에는 예전부터 사랑을 받아온 여덟 명의 신선을 현대적으로 재해석한 작품들이 전시되어 있다.

건물 앞은 하얀색 작은 블록이 물결을 이루지만 신선길에서 본 스페이스 신선은 통유리로 안이 훤히 들여다보인다. 레스토랑 건물도 똑같이 통유리여서 서로 마주 보며 속살을 보여주고 있다. 레스토랑 건물에는 통유리 밑으로 바처럼 앉을 자리가 준비되어 있

스페이스 신선의 외관

스페이스 신선과 신선설농탕 사이에 있는 길이 '신선길'이다. 한남동
뒤쪽 골목으로 이어져 있다.

는데, 그곳에서 스페이스 신선을 바라보며 뜨끈한 설렁탕 한 그릇을 먹는 재미도 쏠쏠하다. 비라도 오면 유리창으로 빗방울들이 또로록 떨어져 더욱 운치가 있다.

많은 사람들이 문화를 쉽게 접하고 즐길 수 있는 공간을 제공하려는 스페이스 신선의 의도는 특히 '계단'에 집중적으로 표현되어 있다. 스페이스 신선 건물 중앙에 계단이 위치해 있는데, 건물 전체 면적을 생각했을 때 적지 않은 공간을 할애했다. 나중에라도 이 건물을 상업적인 용도로 쓰려고 했다면 생각할 수 없는 시도다. 전시관이 아니었다면 죽은 공간이 될 수도 있기 때문이다.

계단은 나선형 구조로 되어 있는데, 지상에서 하늘까지 이어지는 길을 형상화한 모습이다. 계단 한가운데는 학들이 매달려 있다. 모양은 종이학처럼 생겼지만 도자기로 만들어진 학이다. 밑에서 보면 학의 배에 다양한 색깔의 조명이 달려 있어 더욱 신비롭다.

계단만 특이한 것이 아니라 전시장 공간도 다른 전시장과 많이 다르다. 보통은 작품과 관람객 사이에 최소한의 거리를 두어 작품을 보호하는데, 스페이스 신선에는 이런 경계가 없다. 벽에 걸린 작품은 괜찮지만 바닥에 전시한 조형물은 조심하지 않으면 발에 걸릴 수도 있다. 조금 위험하지만 작품과 일상의 구분을 최소화함으로써 사람들이 보다 예술작품을 가깝게 느낄 수 있게 하고, 마치 전시장을 살아 있는 공간처럼 만들고자 했던 것 같다.

스페이스 신선 내부 중앙의 계단. 지하 1층부터 지상 3층까지 나선형 구조로 이어져 있다.

계단의 천장에 여러 마리의 학 조형물을 달아두었다. 학이 신선을 상징하는 동물인 만큼 스페이스 신선의 정체성을 잘 보여주는 모습이기도 하다. 하얀 학의 배에 여러 색깔의 불빛이 빛나고 있어 무척 신비롭다.

흑록, 백록 Black Deer & White Deer

한 설에 의하면 사슴은 1000년을 살면 청록(靑鹿)이 되고 500년을
더 살면 백록(白鹿)이, 또 500년을 더 살면 흑록(黑鹿)이 된다고
한다. 산신의 벗이자 도인의 동성을 지닌 사슴의 영험(靈驗)함을
산뜻(山뜻)하고 상징인 사슴과의 품격 도사가의 깊고 짙은 빛깔
조화로 표현하였다.

According to the legend, If a deer lives 1000 years, it turns
to green, If it lives 500 more years, it becomes white, and, if
it lives another 500 more years, it becomes black deer. The
character of an ascetic and the miraculousness of a deer are
illustrated by the harmony of light and deep color of caomi.

박준상(Park Joonsang) 2016 / 도자기(ceramic)

스페이스 신선은 작품 전시 외에도 워낙 공간 자체의 미학성이 뛰어나다.
내부에 배치된 사슴 '백록', '흑록' 조형물.

나눔의 선순환, 기업문화로 성장하다

스페이스 신선의 전시 주제는 다른 전시관에서는 흔히 보기 어려운 주제들이 대부분이다. 평범하지 않은 주제를 다양한 방법으로 표현해 관람객 입장에서는 재미와 감동을 두 배로 느낄 수 있다.

스페이스 신선에서는 관람료 대신 1천 원 이상의 기부금을 후원하도록
되어 있다. 열 가지 나눔활동 중 원하는 활동을 선택하여 기부할 수 있다.

관람료는 없다. 대신 자발적으로 1천 원 이상 기부금을 내면 된다. 입구에 들어서면 '신진작가 후원', '사랑의 모금함', '1004 모금운동', '미술장학생 후원', '문화소외계층 초대', '어르신 돌봄이 활동' 등 열 가지 나눔활동을 구분한 기부함이 있는데, 어디에 넣을 것인가는 관람객들의 자유다. 관람객들이 기부한 돈은 해당 나눔활동에 전달된다. 신선설농탕은 스페이스 신선을 통해 문화적 나눔을 실천하고, 전시관을 구경하는 관람객들은 문화를 즐기면서 또 다른 도움을 필요로 하는 사람들을 도와주는 선순환이 이루어지는 셈이다.

신선설농탕의 오청 대표는 원래도 적극적으로 나눔을 하는 분이다. 기업 차원에서는 물론 개인 차원에서 어려운 사람들을 위해 기부하고, 사랑의 밥차를 몰고 다니며 설렁탕을 나눠주는 일도 꾸준히 했다. 그래서 처음에는 기업 대표의 의지로 나눔을 적극적으로 한 줄 알았는데, 오청 대표를 통해 들은 나눔을 시작한 계기는 다소 뜻밖이었다.

오 대표가 아버지가 시작한 가업을 이어받은 것은 1991년이다. 아버지는 1981년 서울 잠원동에 '대림장'이라는 이름으로 기사식당을 냈는데, 1987년 상호를 신선설농탕으로 바꿨다. 신선설농탕은 제법 잘되었지만 오청 대표의 아버지는 평생 못 한 공부에 뜻을 품고 아들에게 식당을 맡기게 되었다고 한다.

식당을 운영한 경험이 없는 오 대표는 수없이 시행착오를 할 수밖에 없었다. 그런 데다 2003년 광우병 사건이 터지면서 식당은 더 어려워졌고, 결국 400명의 직원 중 100명을 내보냈다. 어쩔 수 없이 직원을 내보냈지만 그 일은 오 대표가 직원을 가족처럼 여기고 더 나은 대우를 하기 위해 노력하게 만든 계기가 되었다.

나눔활동을 시작한 것도 직원들 때문이었다. 2007년 말 내년도 사업계획을 준비하면서 직원들에게 어떤 사업을 하면 좋을지 의견을 물었는데, 약 70%가 공익적인 사회사업을 이야기했다. 당시만 해도 식당에서 일하는 분들에 대한 사회적 인식이 낮을 때여서 직원들은 자신들이 일하는 회사가 사회에서 인정받는 자랑스러운 회사이기를 바랐다. 이후 밥차를 비롯한 다양한 나눔활동을 지금까지 꾸준히 하고 있다. 스페이스 신선도 그런 나눔활동의 하나로 계획된 것이다.

기업이 아닌 직원들이 중심이 되어 하는 나눔활동은 단순한 나눔이 아닌 기업문화라 봐야 한다. 기업 차원에서 기부 프로그램을 만들고 직원들이 참여하는 형태는 자칫 업무의 연장처럼 변질될 위험이 있다. 반대로 직원들은 원하지만 기업 대표가 의지가 없어도 역시 나눔은 불가능하다.

결국 기업가의 정신과 직원들의 마음이 일치할 때 지속적이면서도 내용 있는 나눔이 가능하고, 기업의 문화를 만드는 중요한 원동력이 된다고 본다.

내가 다니는 회사가 돈 버는 행위에만 급급하지 않고 사회적 기여까지 한다는 사실은 회사 직원들에게 자긍심과 애사심을 키워줄 수 있고, 이는 회사가 더욱 성장하는 에너지가 된다. 이러한 선순환의 구조를 기업가들은 눈여겨볼 필요가 있다.

써니힐 in 도쿄, 시식＋고객감동 공간

도쿄 마메야에서 오모테산도 역까지는 우리나라로 치면 분위기로 보나 임대료로 보나 한남동 가로수길과 비슷한 거리인데, 그 거리에 써니힐(Sunny Hills) 전시장이 있다. 외관이 나무를 엮어 만든 파인애플 모양처럼 생겨 멀리서 봐도 눈에 띈다. 나도 그곳이 써니힐 전시장인지 모르고 너무나도 독특한 외관에 끌려 무턱대고 들어갔다.

처음에는 카페인 줄 알고 들어가서 자리를 안내해주기 전에 '메뉴판 좀 달라'고 했다. 그런데 직원이 여기는 카페가 아니니 차례를 기다려달라고 말했다. 카페가 아니라는 말에 주변을 둘러보니 사과로 만든 파이와 주스가 예쁘게 진열되어 있었다. 카페가 아니라 상품을 홍보하는 전시관인 듯했다. 워낙 건축물이 특이해 꼭 2층으로 올라가 내 눈으로 확인하고 싶었다.

차례가 되어 2층으로 올라가니 주문도 안 했는데 자리에 앉자 애플파이와 차를 가져다주었다. 그냥 공짜로 주는 것이라고 생각하기에는 제대로 격식을 갖춘 느낌이었다. 깔끔한 접시에 놓인 파이와 예쁜 잔에 담긴 차를 마시고 있노라니 진짜 카페에 있는 듯한 착각이 들 정도였다. 달콤한 파이도 맛있었지만 당시 날씨가 쌀쌀해서인지, 따뜻한 차는 잔잔한 감동을 선사했다.

"차와 파이가 공짜면 1층에서 상품을 사야 하는 건가요?"

"필요하시면 구매하셔도 좋고 그냥 편하게 저희 파이를 즐겨주셔도 됩니다."

써니힐이 위치한 지역은 임대료가 제법 비싼 편이다. 그 지역에

시식이지만 판매되는 상품처럼 격식을 갖춰 제공되는 써니힐 애플파이

써니힐 간판. 써니힐 대표가 자전거를 탄 모습과 그가 키우는 강아지가
새겨져 있다.

써니힐 전경. 파인애플처럼 생긴 건물 모습이 이채롭다.

3층짜리 건물을 짓고 직원들을 두고 운영하려면 비용이 꽤 들 것이 분명하다. 큰 수익은 못 내더라도 최소한 운영비라도 건지려면 당연히 상품을 판매해야 한다고 생각했는데, 뜻밖에도 강제성이 전혀 없었다.

부담 없이 파이를 맛있게 즐기면 된다는 말은 진심인 듯했다. 상품은 1층에만 진열되어 있고, 카페 형식의 2~3층은 오로지 파이를 먹고 차를 마실 수 있는 공간으로 꾸며져 있었다. 2~3층에서도 상품을 판매했다면 방문객들이 아무래도 부담을 느꼈을 텐데, 상품을 전시하고 판매하는 공간과 시식하는 공간을 완전히 분리해 상품을 사야 한다는 부담을 애초에 없앴다는 데서 진심이 느껴졌다.

고객들을 감동시키는 방법은 많다. 요즘 기업들은 자사 제품을 애용해준 고객들에게 감사하는 마음으로 미술관, 전시관, 체험관 등의 공간을 만든다. 써니힐처럼 마음 편히 자신의 제품인 파이와 차를 시식하면서 쉴 수 있는 공간을 제공하는 것도 좋은 것 같다. 도쿄의 카페에서 차와 베이커리를 즐기려면 약 8천 원 정도 드는데, 이색적인 써니힐 공간에서 무료로 차와 파이를 즐길 수 있다는 것은 고객 입장에서는 꽤 괜찮은 서비스란 생각이 든다.

써니힐에게 있어 전시관은 고객을 감동시키는 공간이자 기업을 홍보하고 좋은 이미지를 심어줄 수 있는 공간이다. 대만이 본사인 써니힐이 도쿄에 전시관을 낼 때는 단지 도쿄에 사는 사람들만을 대상으로 한 것은 아닐 것이다.

실제로 내가 전시관을 찾았을 때 외국인 방문객들이 꽤 많이 눈에 띄었고, 내가 그랬듯이 열심히 전시관 이곳저곳을 카메라에 담고 있었다. 그렇게 찍은 사진은 대부분 SNS에 올라가 전 세계 네트워크를 타고 써니힐의 존재를 알려줄 것이다.

고객감동은 기업을 가장 효과적으로 홍보할 수 있는 좋은 방법이다. TV 광고에 막대한 돈을 투자하는 것보다 이런 문화공간을 만들어 직접 체험할 수 있게 해주는 것은 어떨까? 요즘 기업들은 고객들에게 받은 것을 돌려주는 방식으로 감동을 주면서 동시에 기업을 홍보하는 방법에 관심이 많다. 써니힐 전시관처럼 앞으로는 더 많은 기업이 전시관, 갤러리 등 고객들이 좋은 경험을 할 수 있는 공간을 만들어주었으면 좋겠다.

명품 회사 루이비통이 선사하는 문화

루이비통은 1987년 샴페인과 코냑 전문업체인 모에헤네시와 손을 잡고 LVMH그룹으로 탄생했다. 이후 루이비통 외에도 펜디, 지방시, 태그호이어 등의 명품 브랜드를 보유한 명품 제국으로 거듭났다.

확실히 루이비통은 자타가 공인하는 명품 브랜드이지만 단순히 명품을 만들고 파는 상업적 활동에만 집중하지 않는다. 루이비통은 창립할 때부터 문화와 예술을 발전시키는 데 뜻을 두었고, 2006년에는 루이비통 재단을 설립해 본격적으로 문화활동을 시작했다.

크고 작은 활동 중 단연 주목할 만한 것은 2014년에 오픈한 '루이비통 재단 미술관(Fondation Louis Vuitton)'이다. 오픈한 지 채 몇 년이 안 되었음에도 사람들이 프랑스 파리에 가면 꼭 이 미술관을 보고 싶어 할 정도로 폭발적인 관심을 받고 있다.

　루이비통 재단 미술관은 파리 불로뉴 숲속에 있는 아클리마타시옹 공원에 있는데, 건축물부터가 예술이다. 스페인의 구겐하임 미

루이비통 재단 미술관. 돛단배와도 같은 화려한 외관이 압도적이다.

술관을 설계했던 프랭크 게리가 맡았는데, 6년 동안 3천여 명의 인력이 투입되어 완성했다고 한다. 마치 하얀 돛단배가 금방이라도 항해를 시작할 것 같은 역동적인 모습에 미술관에 들어가기도 전부터 탄성이 터져 나온다. 미술관 내부에는 다양한 컬렉션과 전시회를 볼 수 있는 갤러리가 총 11개가 있고, 아티스트와 소통할 수 있는 공간도 마련되어 있다.

루이비통 재단 미술관은 다른 어떤 미술관보다 방대한 예술품을 전시하는 것으로 유명하다. 어떻게 수집했는지 해당 아티스트와 관련된 거의 모든 것을 전시하고 있어 이미 그 아티스트를 자주 접했던 사람들도 미처 알지 못했던 새로운 모습과 작품들을 만날 수 있다.

갤러리는 문화를 대표하는 공간 중 하나다. 루이비통은 이미 미술관을 통해 '현대미술을 장려하고 촉진하려는' 기업가들의 꿈을 이루었다. 하지만 갤러리만 문화는 아니다. 음식도 중요한 문화다. 그런 의미에서 나는 루이비통이 만든 미술관보다 식품관에 더 관심이 갔다. 물론 파리 출장을 갔을 때 둘러본 미술관은 훌륭했다. 미리 예약해야 하는 절차가 어려웠다는 것 빼고는 흠잡을 데가 없었지만, 식품관이 주는 감동은 또 달랐다.

루이비통 식품관은 1852년 세계 최초로 만들어진 현대식 백화점인 봉마르셰에 있다. 이 식품관은 '그랑드 에피세리(La Grande Epicerie de Paris)'라는 이름으로 불리는데, 직역하면 '파리의 거대한 식료품점'이란 뜻이다.

식품관에 들어서는 순간 감탄이 절로 나왔다. 외식업에 관심이

봉마르셰 백화점에 있는 루이비통 식품관, 그랑드 에피세리

식품관 내부. 센스 있는 큐레이션이 돋보인다.

많아 국내외의 유명 식품관이란 식품관은 다 봤는데도 루이비통의 식품관은 큐레이션부터 남달랐다. 섹터별로 어떻게 그렇게 맛있어 보이는 브랜드들만 잘 엄선해놓았는지 다 먹어보고 싶어 안달이 날 지경이었다. 식품관에는 테이블이 마련되어 있어 사서 먹어볼 수 있는 브랜드들도 있다. 다양한 시식 코너가 많아 식품관을 돌아보면서 트러플과 캐비어와 같은 고급 식자재 맛을 보는 것도 가능하다.

루이비통 식품관은 명품의 문턱을 낮춰 새로운 고객층을 확보하는 역할도 하는 것 같다. 문화는 체험하고 젖어들면 소비로 연결된다. 루이비통 식품관에서 파는 식품들은 생각보다 비싸지 않았다. 명품 브랜드에서 만든 식품관이니 명품 고객들을 대상으로 고가의 식품을 주로 진열해놓았을 것 같지만 가격대가 다양했다. 설령 값이 좀 비싸다 하더라도 패션이나 가방과 같은 명품처럼 아예 접근조차 못할 정도는 아니다.

루이비통은 스페이스 신선처럼 상업적 이익이 아닌 순수한 나눔 활동만을 하지는 않는다. 하지만 넓게 보면 일반인들이 쉽게 접하기 어려운 문화를 맛볼 기회를 제공하는 것도 나눔이라고 할 수 있다. 고객들은 새로운 경험을 할 수 있어 좋고, 기업에서는 사업영역을 확대할 수 있는 발판이 되니 비즈니스를 하는 사람들이 충분히 연구할 가치가 있는 곳이다.

PART 3
재생

;

착한 상품과
의식 있는 소비의
선순환

물질적 풍요 속에 미처 수명이 다하지 않았는데 버려지는 것들이 너무나도 많다. 다행히 아무 생각 없이 버려지는 것들을 깊이 있게 고민하는 사람들이 생기기 시작했고, 그런 변화는 비즈니스에도 영향을 미쳤다. 자칫 버려질 위기에 처한 제품들에 가치를 더하고 새로운 상품으로 재생산해 판매하는 기업들이 등장했고, 이런 착한 상품들을 기꺼이 구매하는 의식 있는 소비자들이 늘어나고 있다.

변화의 물결은 한남동에도 닿았다. 한남동에는 다른 현대적 건물과 확연히 차이가 나는 낡은 건물이 있다. 이 건물 안에 밀리미터밀리그람(MMMG)이 운영하는 디앤디파트먼트 서울점과 프라이탁이 있는데, 둘 다 오래돼 버려진 것들을 창의적으로 가치 있는 상품으로 재생해 판매하는 매장이다.

디앤디파트먼트 서울점은 롱 라이프 디자인을 추구하는 일본 디앤디파트먼트의 기업철학을 그대로 계승하고 있지만 판매하는 상품의 절반 이상은 한국의 특성이 고스란히 담긴 지극히 한국적인 상품들이다. 일본 디앤디파트먼트를 가본 적이 있다면 일본과 한국에서 판매하는 상품이 어떻게 다른지 살펴보는 것도 좋다. 디앤디파트먼트 서울점은 프랜차이즈이면서도 자신만의 특성과 가치를 더해 본사의 가치를 업그레이드한 좋은 예이다.

프라이탁은 스위스의 마커스 프라이탁과 다니엘 프라이탁 형제가 만든 브랜드다. 수명이 다한 방수포, 자전거 튜브, 자동차 벨트 등을 이용해 만든 독창적이면서도 견고한 가방이다.

토종 재생 브랜드도 있다. 코오롱인더스트리FnC에서 만든 '래;코드'인데, 팔리지 않은 옷의 원단을 재활용해 멋지고 독특한 디자인으로 재탄생시킨 브랜드다. 소비자에게 미처 가보지도 못하고 버려질 뻔한 옷이 멋지게 변신한 모습을 보면 단순한 '재활용(리사이클)'보다 가치를 더 업그레이드하는 '업사이클'의 위력을 실감할 수 있다.

디앤디파트먼트, 프라이탁, 래;코드에서 파는 상품은 모두 가격이 만만치 않다. 재생 상품의 가치를 인정하지 않고서는 쉽게 지갑을 열 수 없는 수준이다. 그럼에도 기꺼이 비싼 대가를 지불하고 재생 상품을 사는 소비자들이 느는 것을 보면 확실히 '의식 있는 소비'에 대한 관심이 많아진 것 같다.

의식 있는 소비자가 재생 제품의 가치를 알아주기도 하지만 거꾸로 재생 사업을 하는 업체가 소비자들의 의식을 변화시키기도 한다. 래;코드에서는 오래전에 입었던 스웨터를 풀어 실을 가져가면 그 실을 이용해 새 옷을 만들어준다. 또한 주기적으로 이벤트를 열어 소비자들이 재생의 가치를 느껴볼 수 있는 기회를 준다. 개인적으로 몇 번 래;코드에서 주최하는 이벤트에 가본 적이 있는데, 버려진 옷과 옷이 연결돼 멋진 새 옷으로 변신하는 것을 보고 옷장에서 홀대받던 옷들이 다시 보였다.

아직까지 재생 관련 비즈니스는 수익보다는 사회적 가치에 더 비중을 두는 것이 사실이다. 하지만 미래가 어둡지는 않다. 사회적 가치를 지향하는 착한 기업이 좋은 의도로 재생 비즈니스를 하고, 이를 알아주고 소비를 통해 간접적으로나마 참여하고 싶어 하는 의식 있는 소비자들이 늘고 있기 때문이다.

요즘 소비자들은 수익만 쫓지 않고 사회적 책임을 고민하는 기업을 선호한다. 따라서 꼭 재생 관련 비즈니스가 아니더라도 어떻게 기업철학에 사회적 가치를 더할 것인가는 고민해볼 필요가 있다. 이 파트에서 소개되는 매장들이 그 답을 찾는 데 어느 정도 도움이 될 것이다.

디앤디파트먼트와
프라이탁,
버려지는 것에 가치를 더하다

블루스퀘어부터 이태원 초입에 이르는 한남동 큰 도로변에 있는 건물은 다 저마다의 개성을 자랑하며 위용을 뽐낸다. 건물만 봐도 사업자가 얼마나 그 건물을 세우기 위해 공을 들였는지 짐작이 갈 정도다. 그런데 유독 '꼬질꼬질한' 건물이 하나 있다. 원래는 하얀색이었을 타일에는 오랜 세월의 흔적이 역력하다.

처음 이 건물을 본 사람들은 한남동의 이미지와는 거리가 먼 모습에 의아해한다. 하지만 이 건물을 층별로 둘러보면 매장이 추구하는 가치와 건물의 모습이 소름 끼칠 정도로 잘 어울린다는 것을 인정하게 된다.

한남동은 큰 도로와 뒷길 사이의 경사가 심한 편이다. 그래서 큰도로 쪽에서 보면 지하지만 뒷길 쪽에서 보면 지하 3층이 1층이다. 뒷길을 기준으로 이 건물 1층은 프라이탁, 2층은 밀리미터밀리그람, 3층은 디앤디파트먼트 서울이다. 세 매장 모두 일상에서 흔히 볼 수 있는 평범한 매장들은 아니다. 특히 디앤디파트먼트 서울과 프라이탁은 자칫 버려질 수도 있었던 것을 재활용해 새로운 가치를 창출한 제품들이 가득해 눈길을 끈다. 빨리 만들고, 빨리 쓰고, 버려지는 것이 일반화된 지금, 버리기보다 재생을 선택한 기업들이 주는 감동은 사뭇 크다. 그래서 허름한 외관에도 불구하고 한남

디앤디파트먼트, 밀리미터밀리그람, 프라이탁이 있는 건물. 건물 외관이
매장이 추구하는 가치와 어울린다.

답답한 계단을 오픈시켜 들어가는 진입로를 지하의 느낌이 들지 않게
만든 것이 인상적이다.

밀리미터밀리그람 매장에는
일상에서 자주 사용하는 제품
들이 쓰임새 있게 잘 진열되어
있다.

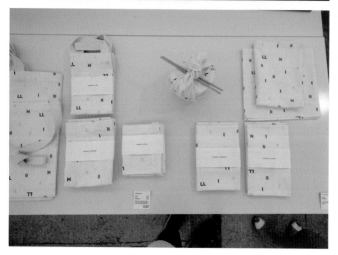

동 핫 플레이스로 많은 사람이 이곳을 찾는다. 이미 이곳을 둘러보고 올린 포스팅이 인터넷에 넘칠 정도로 유명하다.

'오래 살아남은 것들'의 플랫폼

디앤디파트먼트(D&Department)는 일본 디자이너 나가오카 겐메이 대표가 '롱 라이프 디자인'을 추구하며 만든 브랜드이다. 하루가 멀다 하고 신상품이 쏟아져 나오는 지금 오래 쓸 수 있는, 수명이 긴 상품은 경쟁력이 없어 보인다. 하지만 나가오카 겐메이는 디자이너이면서도 새로운 디자인을 하기보다 오래전에 선보인 좋은 디자인을 재정의해 파는 쪽을 택했다.

"과연 이런 물건들이 팔릴까?"

처음 디앤디파트먼트 매장을 들른 사람들 중 이런 생각을 하는 이들이 꽤 많다. 특히 나이가 있는 분들은 수십 년 전에 보았던 오래된 물건들이 버젓이 진열대를 차지하고 있는 모습을 낯설어한다. 그냥 전시되어 있는 것이 아니라 꽤 비싼 가격에 팔린다는 것을 알면 더 놀라워한다.

일본에서 디앤디파트먼트가 처음 선보인 지 22년째에 접어들었다. 그 자체만으로도 디앤디파트먼트가 지향하는 가치에 동조하는 소비자들이 많음을 확인할 수 있다. 우리나라에서도 무조건 유행하는 신제품을 좋아하기보다는, 오래전에 나왔지만 여전히 쓸모가 있고 지속할 만한 가치가 있는 상품을 좋아하는 소비층이 점점 느는 추세다.

디앤디파트먼트 서울점 내부 모습

서울에도 디앤디파트먼트가 있다. 밀리미터밀리그람의 배수열 대표가 디앤디파트먼트의 기업철학에 호감을 느끼기도 했지만, 디앤디파트먼트 나가오카 겐메이 대표가 먼저 서울점을 맡아줄 것을 제안했다고 한다. 서울에 와서 몇 번 배수열 대표를 만나 이야기를 나누면서 배 대표라면 디앤디파트먼트가 추구하는 가치를 잘 이해하고 더 멋지게 발전시킬 수 있으리란 믿음이 생겼기 때문일 것이다. 그렇게 밀리미터밀리그람은 도쿄, 오사카, 삿포로, 시즈오카, 가고시마, 오키나와, 야마나시에 이어 디앤디파트먼트 8호점이자 해외 첫 지점인 서울점을 한남동에 열게 되었다.

서울점을 오픈한 것이 2013년 11월이니 벌써 6년이 되었다. 그동안 서울점은 디앤디파트먼트의 가치와 철학을 한국적인 특성을 더해 잘 풀어냈다. 기본적으로 서울점에는 일본과 세계 각지에서 수집된 롱 라이프 디자인 상품들이 있지만, 한국에서 발견해 재정의한 상품들도 무척 많다. 전체 상품 중 서울점이 자체적으로 고르고 재정의한 상품이 50%에 달한다. 원래 디앤디파트먼트는 지역 경제와 문화를 존중하기 때문에 지역에서 자체 발굴한 상품들이 많은데, 그럼에도 그 비율이 30%를 넘기 어렵다. 그만큼 서울점이 단순한 프랜차이즈점이 아니라 디앤디파트먼트의 철학에 한국다움을 입혀 가치를 더한 매장이 되기 위해 노력했음을 알 수 있다.

디앤디파트먼트 서울점에는 자칫 잊힐 뻔했던 옛날 상품들이 즐비하다. 옛날 상표가 인쇄되어 있는 크고 작은 유리컵들, 손때가 묻어 반질반질한 무쇠솥, 그 옛날 학교 앞 떡볶이집에서 많이 보던 플라스틱 접시와 컵 등 추억을 떠올리게 하는 상품들이 한둘이 아니다. 그 시대를 경험했던 사람들에게는 추억이지만 요즘 젊은 친구들에게는 그 어디에서도 볼 수 없는 '갬성'을 자극하는 상품이 된다.

언젠가 10대 딸과 함께 서울점을 찾은 적이 있다. 그때 딸아이가 경이로운 눈빛으로 예쁘다고 말했다. 나에겐 촌스럽고 향수를 불러일으키는 제품이 10대의 눈에는 예쁘게 보였던 모양이다. 마치 외국인처럼 생전 한 번도 보지 못했던 제품들을 보며 놀라던 모습이 지금도 잊히지 않는다. 지금은 볼 수 없는 옛날 디자인이 재활용, 재해석이라는 옷으로 가치를 부여하지 않아도 그 자체로 갖고 싶은 훌륭한 상품일 수 있다는 것을 딸아이를 보면서 깨달았다.

디앤디파트먼트 서울점은 한국의 전통 공예품과 특산물을 알리는 데도 열심이다. 전통 공예품은 판매만 하는 것이 아니라 직접 만들어볼 수 있는 프로그램을 함께 진행한다. 전통 공예품의 가격은 비싼 편이다. 하지만 직접 만들어보면 하나의 공예품이 나오기까지 얼마나 많은 수고와 열정이 들어갔는지를 알게 되어 그 가격을 인정할 수 있다.

디앤디파트먼트 서울점에는 다른 곳에서는 쉽게 볼 수 없는 지역 식료품들이 있다. 장인정신으로 정성껏 만들지만 사람들이 잘 모르고, 판매에 어려움을 겪는 제품들이 대부분이다. 서울점은 이런 제품들이 가치를 인정받고 오래도록 사랑받을 수 있도록 응원을 아끼지 않는다.

디앤디파트먼트 서울점을 보면 '밀리미터밀리그람이 아니었다면 누가 이렇게 완벽하게 디앤디파트먼트의 가치와 철학을 한국의 특성에 맞게 구현할 수 있었을까?'라는 질문을 하게 된다. 적어

7080 복고 향수가 느껴지는 제품들. 복고풍으로 제작한 새 상품도 있지만, 중고 제품을 깨끗이 해서 재포장해 판매하기도 한다.

빨간 플라스틱 바가지, 정감 있는 때밀이 수건, 학교 앞 떡볶이집에서 명성을 날렸던 플라스틱 접시와 그릇들. 세대를 막론하고 인기가 높다.

디앤디파트먼트 서울점에서는 한국의 전통 공예품을 발굴하여 전시와
체험의 공간을 마련해두었다.

쓰고 남은 원단을 재활용해 만든 에코백. 디앤디파트먼트에서는 기존
제품을 재정의하는 것만이 아니라 재활용해 새로운 제품을 만들기도
한다.

도 한국에서는 디앤디파트먼트와 밀리미터밀리그람이 자연스럽게 서로를 연상하게 만든다. 동일한 가치를 추구하는 브랜드들이 모였을 때 시너지 효과를 내고, 또 하나의 브랜드 이미지를 만들 수 있다는 것을 보여준 셈이다.

디앤디파트먼트 나가오카 겐메이 대표를 만나다

"서두르지 않아도
진정한 가치는 오래간다"

내가 좋아하고 닮고 싶은 사람 중 한 분이 디앤디파트먼트 나가오카 겐메이 대표이다. 물건들이 그 수명이 다할 때까지 오래도록 사랑받으면서 잘 쓰일 수 있게 하는 '롱 라이프 디자인'을 추구하는 것도 흥미로웠지만, 개인적으로는 그가 일본 47개 현을 대상으로 각 지역 정보를 담은 잡지를 발간하는 데 관심이 많이 갔다. 게다가 그 잡지가 소비자와 생산자를 이어주는 플랫폼 역할을 하고, 더 나아가 각 지역에서 생산한 식재료로 음식을 만들어 파는 식당으로까지 이어지는 것을 보고 더욱 디앤디파트먼트에 빠져버렸다.

그러던 어느 날 디앤디파트먼트 코리아가 주관하는 행사에서 나가오카 겐메이 대표를 만났다. 짧은 시간이었지만 워낙 디앤디파트먼트를 좋아하는 나에게 겐메이 대표도 좋은 인상을 받았는지, 일본 디앤디파트먼트에 방문해 좀 더 많은 이야기를 나누고 싶다는 내 제안을 흔쾌히 수락해주었다.

2019년 1월 말 일본 디앤디파트먼트를 방문했다. 겐메이 대표가 직접 매장을 안내해주었는데, 놀랍게도 그동안 수없이 보았던 매장인데도 내가 놓쳤던 공간이 있었다. 그것도 매장 중앙에 있는 핵심적인 공간을 미처 보지 못했던 것이다.

매장 한가운데에는 47개 현에 대한 자료를 꽂아놓을 수 있는 책꽂이가 'ㄷ'자 형태로 배치돼 있었고, 그 가운데 커다란 테이블이 놓여 있었다. 겐메이 대표가 47개 현에 대한 잡지를 만들겠다고 생각하고 각 지역에 대한 자료를 바인더로 정리해 꽂아두는 공간이었다. 일단 관련 자료들을 다 찾아 해당 지역 책꽂이에 꽂아두고, 이후에 새로운 자료가 나오면 추가하는 방법으로 자료를 모았다.

"이런 공간을 만들어두었더니 언제부터인가 그 지역 사람들이 자기 지역에 대한 자료를 만들어 꽂아두더군요. 그걸 보고 생산자와 소비자를 연결해야겠다는 생각을 더욱 많이 하게 되었어요. 저 혼자서 다 하는 것은 분명 한계가 있잖아요?"

겐메이 대표의 말을 들으면서 디앤디파트먼트가 어떻게 오래된 제품의 가치를 재조명·재정의하는 일뿐 아니라 가치 있는 제품을 생산하는 생산자와 이러한 가치를 알아주는 소비자를 연결하는 역할을 할 수 있게 되었는지 알 수 있었다.

처음부터 47개 현에 대한 잡지를 만들 생각으로 매장 안에 자료를 꽂아둘 공간을 만들어둔 것에 비해서는 지금까지 발간한 잡지가 많지는 않았다. 현재 47개 현 중 잡지가 나온 현은 25개 현이다. 22년 동안 25개 잡지를 발간했으니 1년에 약 한 권의 잡지를 낸 셈이다. 최근 나온 몇 개 현에 대한 개정판까지 합해도 큰 차이가 없다.

"서두를 필요가 없습니다. 빨리 내는 것보다 완전히 무르익었을 때 제대로 완성도 높은 잡지를 발간하는 것이 중요합니다."

많은 사람이 비즈니스를 할 때 조바심을 낸다. 비즈니스 속도가 나지 않으면 지지부진하다 결국 실패할 것이라는 생각을 하기 때문인데, 디앤디파트먼트는 속도에 연연하지 않고 자기만의 분명한 가치를 유지·발전시키면 결실을 맺을 수 있다는 것을 보여준다.

비록 속도는 좀 더뎠을지 모르지만 디앤디파트먼트는 22년 동안 한결같이 '롱 라이프 디자인'의 가치를 추구하면서 많은 발전을 이루었다. 디앤디파트먼트의 가치를 알아봐 주는 사람들이 늘면서 도쿄, 오사카, 후쿠오카 3개 직영점을 비롯해 시즈오카, 오키나와, 서울 등 지역점까지 매장이 10개로 늘었다. 또한 일본 47개 현의 롱 라이프 디자인을 전시하는 박물관과 지역에서 생산하는 농산물을 이용하는 식당까지 영역을 확장했다.

비즈니스는 '운명적으로' 확장을 해야만 한다. 그래서 무리하게 기존 비즈니스와 전혀 연관이 없는 분야로 확장하는 경우가 많이 있다. 하지만 디앤디파트먼트의 확장은 물 흐르듯이 자연스럽다. 각 현에 대한 정보를 담은 잡지는 일종의 제안서 역할을 한다. 해당 지역에서 생산한 상품이나 특산물은 매장에서 대부분 잡지와 함께 진열되어 있다. 그냥 상품만 보았을 때보다 잡지를 통해 상품에 대한 스토리와 정보를 알면 더욱 구매욕구가 일어난다. 물론 모든 상품을 잡지와 함께 진열하기는 어려워 잡지는 책 매대에, 상품은 따로 상품 매대에 진열되어 있는 경우도 많지만 잡지가 상품에 대한 신뢰를 더해주고 구매욕을 불러일으키는 역할을 하는 것은 분명하다.

잡지에서 검증한 식재료만을 이용하는 식당을 낸 것도 같은 맥락이다. 각 지역에서 인정받은 좋은 식재료를 이용해 음식을 만드니 사람들은 안심하며 건강하고 맛있는 음식을 즐길 수 있다. 그래서 디앤디파트먼트가

일본 D&D 본사 나가오카 겐메이 대표

운영하는 D47 식당은 늘 사람들로 북적인다.

이처럼 디앤디파트먼트는 디앤디파트먼트의 중요한 가치를 중심으로 천천히 사업을 확장했다. 그래서 사업영역을 확장하는 만큼 가치가 더 빛나고 시너지 효과도 배가된 것으로 보인다. 속도보다 확실한 방향성을 갖고 움직이는 디앤디파트먼트의 미래는 또 어떤 모습일지 벌써부터 궁금해진다.

프라이탁, 버려진 재료의 놀라운 변신

디앤디파트먼트 서울이 있는 건물 1층에는 프라이탁(Freitag)이 자리를 잡고 있다. 프라이탁은 1993년 스위스의 마커스 프라이탁과 다니엘 프라이탁 형제가 만든 브랜드다. 수명이 다한 방수포, 자전거 튜브, 자동차 벨트 등을 이용해 가방을 만드는데, 비록 버려진 재료를 이용했지만 견고하면서도 독창적인 디자인으로 유명하다. 아이디어도 참신했지만 디자인과 실용성을 갖추었고, 무엇보다 재활용으로 환경을 보호한다는 가치가 더해져 많은 사람들로부터 사랑을 받는 브랜드이기도 하다.

이 프라이탁을 국내에 처음 소개한 것이 밀리미터밀리그람이다. 사실 밀리미터밀리그람은 디앤디파트먼트보다 프라이탁과 먼저 손을 잡았다. 어쩌면 밀리미터밀리그람이 디앤디파트먼트의 제안을 받아들여 서울점을 낸 것도 먼저 프라이탁을 판매한 경험이 있기 때문일지도 모른다.

프라이탁 가격은 만만치 않다. 디자인이 독창적이어서 눈길을 끌고, 실용성도 좋아 한번 사용해보면 만족도가 높더라도 수십만 원을 호가하는 가격 앞에서는 선뜻 지갑을 열 사람이 얼마나 될까? 하지만 환경의 중요성을 인식하는 사람들이 많아지면서 소비문화도 바뀌기 시작했다. 값은 비싸더라도 간접적으로나마 환경을 보호하는 데 일조할 수 있다면 기꺼이 그 제품을 구매하는 사람들이 점점 많아지고 있다. 이른바 착한 소비, 의식 있는 소비를 지향하는 시대가 된 것이다. 밀리미터밀리그람은 프라이탁을 판매하면서 이런 소비문화의 변화를 확인할 수 있었기에 자연스럽게 디앤디파트

다양한 프라이탁 가방들

제품 박스들을 차곡차곡 쌓고 가방을 디스플레이한 모습은 모든
프라이탁 매장에서 공통적으로 볼 수 있다.

먼트와 손을 잡을 수 있지 않았나 싶다.

과정이 어떠했든 분명한 것은 밀리미터밀리그람과 프라이탁, 디앤디파트먼트는 무척 잘 어울린다는 것이다. 비슷한 색깔의 세 브랜드가 한 건물에 모여 있다 보니 허름한 건물조차 특별한 가치와 의미를 지닌 것으로 느껴진다. 성격은 조금씩 다르지만 금방 쓰고 버려지는 것이 아닌 오래 쓸 수 있는 가치를 소중하게 여기고, 버려진 재료를 독창적으로 재생시켜 새로운 가치를 부여하는 데 사람들이 반응하고 있다.

옥스팜, 기부를 통해 가치를 되살리다

수명이 다하지도 않았는데 버려지는 것들이 너무나도 많다. 그냥 두면 잊힐 제품들의 가치를 알아보고 수명이 다할 때까지 쓰일 수 있도록 한 대표적인 업체 중 하나가 바로 디앤디파트먼트이다. 디앤디파트먼트와 비즈니스 구조는 동일한데 수익을 좋은 일에 쓰는 비영리 단체도 있다. 바로 '옥스팜'이다.

옥스팜은 1942년 2차 세계대전 당시 굶주림에 시달리는 그리스를 돕기 위해 활동한 것을 시작으로 지금은 20개국이 연합해 활동하는 세계 최대 국제구호개발기구로 성장했다. 옥스팜이란 이름은 영국의 지명 '옥스퍼드(Oxford)'와 '기근(famine)'이라는 단어가 합쳐져 만들어진 것으로, 이름처럼 빈곤과 기아 문제를 해결하는 데 주력한다.

옥스팜은 옷을 포함해 사람들이 기부한 물건을 판 수익금으로 구호활동을 한다. 구조는 우리나라의 '아름다운가게'와 비슷한데, 옥스팜의 경우 좀 더 고가의 제품들이 많다는 점이 다르다. 명품도 많이 있고, 꼭 명품이 아니어도 꽤 괜찮은 물건들이 많다. 고가의 제품들을 아주 저렴한 가격에 팔기 때문에 보면 사고 싶은 욕구가 자연스럽게 생길 정도다.

영국 출장을 갔을 때 옥스팜에 들른 적이 있다. 명품을 즐겨 사는 편이 아닌데도, 워낙 좋은 가방이 싸게 판매돼 구매한 적이 있다. 가방 자체도 너무 마음에 들었지만 내가 지불한 돈이 좋은 일에 쓰인다고 생각하니 필요한 것을 사면서도 덩달아 좋은 일을 한 것 같아 뿌듯했다.

옥스팜의 수입구조 중 기부물품이 차지하는 비중은 아주 크지는 않다. 영국 정부 및 공공기관 지원금이 약 43%로 절반에 가깝고, 개인이나 기업 등의 후원금이 약 26%, 기타 물품 판매수익이 22%이다. 기부물품을 판매한 수익금은 약 3%에 불과하다. 하지만 금액으로 따지면 결코 적지 않다. 2016년 4월부터 2017년 3월까지의 회계 내역을 기준으로 기부물품 판매금액은 181억 원에 달했다. 그냥 두었으면 제대로 쓰이지도 못하고 외면당했을 물건들이 기부를 통해 가치를 부여받은 금액이다.

자칫 '0'이었을 물건들이 181억 원이 된 것이니 무에서 유를 창조한 것이나 다름없다. 또한 판매 수익금과는 상관없이, 수명이 많이 남아 있는 물건이 버려지지 않고 필요로 하는 사람들에게로 갔다는 것은 돈으로 환산하기 어려운 또 다른 소중한 가치임이 분명하다.

때로는 기존 브랜드를
활용하는 것도 브랜딩이다

'비즈니스=브랜드'라 해도 과언이 아닐 정도로 비즈니스를 할 때 브랜드의 역할은 아주 중요하다. 똑같은 재료와 솜씨로 상품을 만들었어도 브랜드가 있는 상품은 고가여도 팔리지만 브랜드가 없는 무명의 상품은 최악의 경우 가격이 싸도 팔리지 않는다. 브랜드가 곧 가치로 인정받는 시대이기 때문에 그렇다.

비즈니스를 하려면 처음부터 브랜드를 염두에 두어야 한다. 브랜드는 이제 선택이 아닌 필수 요소다. 설령 1인 기업이나 프리랜서라도 자신의 브랜드를 정의하고 키우는 것을 전제로 해야 한다.

하지만 브랜드를 만드는 일은 결코 쉽지 않다. 브랜드의 가치는 하루아침에 만들어지지 않는다. 오랜 세월에 걸쳐 브랜드에 대한 신뢰가 쌓이고 쌓

디앤디파트먼트 서울, 밀리미터밀리그람, 프라이탁을 한꺼번에 보여주는 안내문

였을 때 비로소 가치를 인정받을 수 있다. 어쩌면 평생 노력해도 내 생애에는 브랜드의 가치를 완성하지 못할 수도 있을 정도로 어렵다.

꼭 직접 그 어려운 브랜드를 만들지 않아도 브랜드의 힘을 내 것으로 만들 수 있는 길이 있다. 한남동에서 밀리미터밀리그람이 보여준 행보가 좋은 예이다. 디앤디파트먼트와 프라이탁은 밀리미터밀리그람이 만든 브랜드는 아니지만 세 브랜드가 절묘하게 어울리며 마치 하나의 브랜드 같은 이미지를 풍긴다.

밀리미터밀리그람처럼 유명한 다른 브랜드들을 가지고 한 지역에서 사업하는 것을 '메가프랜차이즈'라고 한다. 우리나라에서는 아직 생소한 비즈니스 방식이지만 이미 일본이나 대만에서는 성행 중이다. 밀리미터밀리그람은 같은 건물에서 기업철학과 색깔이 비슷한 브랜드들을 운영하는데, 같은 지역 내에서 서너 개의 브랜드를 운영하는 방식도 일반적이다. 어떤 브랜드들을 모아 메가프랜차이즈를 만들 것인가는 사업자의 자유다. 서로 분야가 다른 브랜드들로 메가프랜차이즈를 구성할 수도 있고, 비슷한 성격의 브랜드들을 모아 만들 수도 있다. 각각 장단점이 있지만 메가프랜차이즈가 단지 여러 개의 프랜차이즈를 운영하는 것을 넘어 또 다른 브랜드 역할을 할 수 있으려면 추구하는 가치가 비슷한 것이 유리하다.

밀리미터밀리그람은 자체 브랜드에 디앤디파트먼트나 프라이탁 브랜드를 더한 경우지만 아예 다른 브랜드들만으로 메가프랜차이즈를 만들어도 된다. 실제로 일본이나 대만에는 이런 형태가 많다. 비록 직접 만든 브랜드는 아니지만 기존 브랜드들을 활용해 궁극적으로 내가 추구하는 이미지나 가치를 구현할 수 있다면 그 또한 좋은 방법이라 생각한다.

의류 업사이클의
중심에 선
코오롱 래;코드

옷은 유행에 민감한 품목 중 하나다. 그렇다 보니 옷이 많아도 유행이 바뀌면 또 새 옷을 사게 되고, 얼마 전에 산 새것처럼 멀쩡한 옷은 옷장 깊숙한 곳으로 들어간다. 다행히 옷은 재활용할 수 있는 길이 많다. 직접 주변에서 그 옷을 필요로 하는 사람에게 줄 수 있으면 제일 좋다. 그럴 수 없다면 아름다운가게와 같은 곳에 기부하거나 주택가 근처에 있는 의류수거함에 넣으면 누군가 필요한 사람이 재사용할 수 있다.

그냥 버려지는 것보다 어떤 형태라도 재사용될 수 있다면 좋은 일이다. 실제로 옷은 비즈니스보다는 나눔의 형태로 재사용되는 경우가 대부분이다. 하지만 차원이 다른 재사용을 실천하는 곳이 있다. 소박하게 버려지는 것을 막는 데서 그치지 않고, 창의력을 발휘해 새로운 디자인으로 고부가가치를 만들어내는 래;코드(RE;CODE)가 그 주인공이다.

리사이클보다 업사이클!

한남동에는 코오롱인더스트리 Fnc부문의 남성복 브랜드인 시리즈(series:)가 만든 플래그십 스토어가 있다. '시리즈 코너'라는 이름으로 2013년에 처음 문을 연 지 벌써 만 5년이 훌쩍 넘었다. 시리즈 코너는 플래그십 스토어치고는 소박한 편이다. 매장 규모도 크지 않고, 그나마도 시리즈 브랜드만을 위해 공간을 할애하지 않고 다른 브랜드들과 함께 공간을 쓰고 있다.

시리즈 코너에는 개성 있는 브랜드들이 많지만 개인적으로 가장 관심 있게 본 브랜드는 래;코드다. 디자이너가 아무리 심혈을 기울여 만든 옷이라도 다 팔리기는 어렵다. 팔리지 않은 옷들은 아웃렛 등의 할인매장에서 주인을 기다리면서 점점 가격을 낮추고, 그래도 끝내 팔리지 않으면 폐기 처분된다. 보통 만든 지 3년이 넘으면 더 이상 팔리기 어렵다고 보는 것이 맞다.

3년이면 짧다면 짧은 시간이다. 비록 유행은 지났을지 몰라도 코오롱에서 만든 옷들은 대부분 좋은 원단을 쓴다. 그 좋은 원단을 그냥 버리기보다 재활용해 더 멋지고 독특한 디자인의 옷으로 업그레이드한 것이 래;코드다.

나는 단숨에 래;코드에 매료되었다. 래;코드가 만들어지는 과정이 나를 대변해주는 것 같았기 때문이다. 어찌 보면 아예 새로 만드는 것보다 있던 것을 재활용해 더 멋진 모습으로 만드는 것이 더욱 어렵다. 더 많은 고민과 다양한 시도를 해야 비로소 사람들이 가치를 인정해줄 수 있는 옷이 탄생한다. 그 과정을 알고 나면 래;코드 옷이 작품처럼 느껴진다. 그래서 값이 꽤 비싼데도 두 벌을 사고야 말았다.

그런데 디자인은 너무 훌륭한데, 서로 성질이 다른 두 종류의 옷

3년 이상 된 재고를 이용해 만든 래:코드 옷

감을 연결하는 라인에 문제가 있었는지 몇 번 입지도 못하고 뜯어졌다. 뜯어진 옷은 더 이상 입을 수 없을 정도로 망가져 시리즈 코너에 전화해 불만족을 쏟아냈다. 처음에 너무 좋은 인상을 받았기에 배신감이 더 컸던 것 같다.

래;코드는 변명하지 않고 바로 잘못을 시인하며 개선사항을 경청해주고 제품을 만들 때 반영하겠다고 했다. 제품을 만든 디자이너는 개선사항에 대해 조언해준 고마움의 표시로 가방을 선물로 주었다. 그러면서 반드시 내가 지적한 사항을 반영해 더 좋은 옷을 만들기 위해 노력하겠다는 말도 잊지 않았다. 성실하면서도 진정성 있는 대응을 해준 덕분에 다시 옷을 구매하러 시즌별로 방문하게 되었고, 내가 지적했던 사항이 반영되어 나오는 옷들을 보면서 뿌듯했다. 덕분에 난 만족스러운 마음으로 겨울 내내 래;코드 옷을 사 입었다.

래;코드를 보면서 업사이클(up-cycle)의 의미를 다시 생각해보게 되었다. 삶은 그 자체로 소중하지만 삶의 질도 무시할 수 없다. 업사이클도 마찬가지가 아닐까? **재활용(recycle)하는 것에 만족하는 게 아니라 업그레이드(upgrade)까지 추구하여 이왕이면 더 좋은 모습으로 재탄생한다면 전보다 더 높은 가치를 인정받을 수 있다.** 그것보다 좋은 일도 없을 것이다. 그 가능성을 보여준 것이 '래;코드'다. 재사용에 만족하지 않고, 훨씬 좋은 모습으로 업그레이드하는 것이야말로 궁극적으로 우리가 추구해야 할 재사용의 모습이란 생각이 든다.

세상에서 하나뿐인 옷을 소유한다는 것

래;코드는 버려질 수 있는 재고 옷이나 가방을 완전히 해체하고 재조합해 만든다. 단지 재활용의 차원이 아니라, 디자인을 기획할 때 고객에게 특별한 가치를 부여한다. 아버지의 옷을 가져온 딸이 있었다. 딸은 그 옷을 수선하기를 원했는데, 래;코드에서는 그 옷을 딸이 입을 수 있도록 다시 만들면서 옷 안쪽에 아버지의 이름을 새겨 넣었다. 딸은 아버지의 채취를 늘 함께할 수 있게 되었다며 무척 감동했다고 한다. 그야말로 세상에서 하나뿐인 옷을 만드는 것이다.

소량으로 만들고 워낙 디자인이 특이하기도 하지만 소비자와 만나는 방식도 디자인만큼이나 색다르다. 래;코드는 2018년 3월부터 새 옷을 빌려주는 렌탈 서비스를 시작했다. 3일을 기준으로 아우터 4만 원, 자켓 3만 원, 상하의 각각 15,000원, 원피스 3만 원에 대여해준다. 입어보고 마음에 들면 30% 할인된 가격에 맞춤 제작해 입을 수 있다.

착한 소비, 가치 소비를 하는 소비자들이 조금씩 늘어나는 추세지만 적게는 수십만 원에서 많게는 백만 원이 넘는 돈을 지불하고 선뜻 구입하기는 쉽지 않다. 재고를 재활용해 자원 낭비를 줄이려는 좋은 취지로 만들었어도 이를 입어주는 사람이 없으면 의미가 없다.

가치는 눈으로만 봐서는 알기 어렵다. 직접 사용해보고, 체험해봐야 비로소 가치를 실감할 수 있다. 일단 가치를 체험하고 공감한다면 가격은 큰 문제가 되지 않는다. 또한 요즘에는 소유보다는 공

옷뿐만 아니라 가방도 재활용해 래:코드 브랜드로 만든다.

소중한 추억이 있는 옷
을 업사이클링해 주는
래:코드의 서비스. 아버
지의 양복으로 세상에
하나밖에 없는 옷을 만
들어준 일이 화제가 되
었다.

유 경제가 발달하고 있다. 고가의 제품들을 소유하는 게 아니라 그 때그때 필요에 따라 대여해 사용하는 것이다. 1년에 한두 번 있는 일정을 위해 옷이나 패션 아이템을 구입하기보다는 대여가 훨씬 더 경제적이다. 따라서 저렴한 가격에 옷을 대여해 고객들이 가치를 경험할 수 있는 기회를 준 래;코드의 시도를 눈여겨볼 필요가 있다.

PART 4

팬심

;

팬과의
소통과 공감이
곧 경쟁력이다

방탄소년단의 팬덤은 세계적 수준이다. 아미(Army)라는 이름으로 대동단결한 팬들은 방탄소년단의 모든 것을 좋아하고 지지한다. 강력한 팬덤을 형성할 수 있었던 가장 큰 이유는 팬과의 소통과 공감에 있다. 방탄소년단은 마치 팬과 일대일로 대화하는 것처럼 소통한다. 한 걸음 더 나아가 '나를 있는 그대로 사랑하라'는 메시지를 던져 팬들로부터 깊은 공감을 얻었다.

　　비즈니스도 팬심이 필요하다. 어쩌다 한 번 좋아해주는 소비자만으로는 한계가 명확하다. 브랜드를 좋아하고 믿어주는 팬덤이 형성되어야 비즈니스를 지속적으로 성장·발전시킬 수 있다.

　　팬심을 확대해 팬덤을 만들려면 소비자들이 무엇을 좋아하고, 어떤 삶을 꿈꾸는지를 알고 충족시켜 주어야 한다. 사람들은 내가 좋아하는 것을 만들어주는 대상과 소통하며 공감할 때 비로소 팬이 된다. 방탄소년단이 그랬듯이 큰 인기를 얻는 브랜드들은 거의 대부분 열심히 소비자와 소통하며, 소비자들이 직접 참여해 더 깊게 공감할 수 있도록 다양한 이벤트와 마케팅을 진행한다.

　　한남동에서도 두터운 팬층을 자랑하는 브랜드들을 볼 수 있다. 현대카드 뮤직 라이브러리, 스타벅스, 매거진《B》가 그 주인공이다. 이들은 비즈니스 아이템은 달라도 팬과의 소통과 공감을 잘 이끌어냈다는 공통점이 있다. 현대카드는 음악과 아날로그 감성을 자극하는 공간으로, 스타벅스는 커피가 아닌 문화로, 매거진《B》는 지적 호기심과 욕구를 채워주는 것으로 소통하고 공감했다는 것이 차이점일 뿐이다.

　　어떤 키워드로 소통했든 사람들에게 흥미, 재미, 만족을 주고 공감하게 만들었다면 팬심을 얻을 수 있다. 하지만 방심해서는 안 된다. 호감을 갖고 입문한 팬들에게 지속적으로 참여할 수 있는 기회를 제공하면서 단단한 신뢰를 얻지 않으면 팬심은 금방 떠난다.

팬심을 얻기는 힘들지만 일단 팬들이 마음을 열면 비즈니스를 안정적으로 확대할 수 있다. 스타벅스는 각종 굿즈와 온라인 기프티콘으로 비즈니스를 확대해 좋은 결과를 얻었다. 현대카드 뮤직 라이브러리도 음악을 즐길 수 있는 공간 옆에 비닐 음반과 음악 CD 그리고 비닐 음반을 들을 수 있는 턴테이블과 카세트 테이프 등을 파는 상업공간을 두었다. 뮤직 라이브러리에서 감동을 받은 팬들이 이런 제품에 관심을 갖는 것은 당연하다.

매거진《B》도 이미 상당한 팬층을 확보한 잡지다. 그럼에도 아직 매거진《B》는 팬심을 토대로 적극적인 다른 비즈니스는 하지 않는 상태다. 매거진《B》처럼 팬덤을 갖고 있는 영국의《모노클》이란 잡지를 함께 소개했는데,《모노클》의 비즈니스를 살펴보고 매거진《B》와 함께 가능한 비즈니스를 생각해보는 것도 좋은 공부가 될 것이다.

잃어버린 취향을
되찾는 공간,
현대카드로 그 문을 열다

비즈니스 트립을 하다 보면 트립의 목적을 망각하고 마냥 분위기에 취해 자신을 내던지게 하는 곳들을 만난다. 현대카드 뮤직 라이브러리도 그중 하나다. 현대카드 뮤직 라이브러리는 마법과도 같은 공간이다. 그 공간에 있다는 것만으로 현실 세계를 잊게 만들고, 타임머신을 타고 과거로 돌아가 그때 그 시절의 추억을 만난 것 같은 착각에 빠지게 한다.

나뿐만이 아니라 다른 이들도 마찬가지다. 다른 곳에서는 보고 느낀 점을 나누느라 분주했던 사람들이 유독 현대카드 뮤직 라이브러리에 가면 조용해진다. 서로 어디에 있는지도 모른다. 각자 자기가 좋아하는 음악을 찾아 들으면서 시간 가는 줄 모르고 자기만의 세계에 취해 있다.

비즈니스 트립이라도 가끔은 그렇게 비즈니스에 대한 걱정을 내려놓고 힐링하는 것도 나쁘지 않다. 몸과 마음이 편안해지면 스트레스가 가득했던 상태에서는 열리지 않았던 생각들이 튀어나올 수도 있고, 에너지를 재충전해 비즈니스에 가속도를 붙일 수도 있기 때문이다.

하지만 마음껏 듣고 싶은 음악에 심취하고, 현대카드 뮤직 라이브러리에 감탄하다 보면 의문이 생긴다. 대체 왜 현대카드는 엄청난 자본과 노력을 투자해 이런 문화공간을 만든 것일까? 단순히 현대카드 고객들을 위한 서비스 차원이라 생각하기에는 제대로 만들어도 너무 제대로 만들었다. 다른 어떤 뮤직 라이브러리와는 비교조차 무의미할 정도로 독보적이고, 수준이 높다.

이제 각자 답을 찾아보자. 현대카드 뮤직 라이브러리의 본질은 무엇인지. 마법에서 벗어나서 현실로 돌아오면 생각보다 쉽게 답을 찾을 수 있다.

건물 중앙을 오픈해 건축해서 그 자체가 포토존 느낌이 되고 있다.

음악과 아날로그 감성이 흐르는 뮤직 라이브러리

뮤직 라이브러리는 건물 자체는 현대적인 감각이 돋보이지만 그 독특한 건물이 담고 있는 콘텐츠는 다분히 아날로그적인 것들이 많다. 음악을 들으면서 아날로그 감성이 넘치던 과거의 시간으로 여행할 수 있게 해주는 곳이 뮤직 라이브러리다.

뮤직 라이브러리 1층은 어둑하면서도 분위기가 있다. 어두워서 우울해지는 느낌이 아니라 마음을 차분하게 가라앉혀 앞으로 펼쳐질 음악의 세계에 몰입할 수 있도록 정화시켜 주는 느낌이다. 리셉션과 카페로 구성된 뮤직 라이브러리의 시작점이다.

2층에 올라가면 드디어 음악의 역사를 한눈에 볼 수 있는 공간이 펼쳐진다. 어디서든 인터넷에 접속하기만 하면 음악을 다운로드해 들을 수 있는 디지털 세상에서 비닐 음반(레코드)들이 빼곡히 책장에 꽂혀 있는 모습은 그야말로 장관이다. 1950년대부터 2000년대까지의 비닐 음반 1만여 장이 비치되어 있는데, 그중 한국 음반이 약 400여 장에 달한다.

음반을 정리한 방식도 눈길을 끈다. 가로축은 시간을 기준으로 1950년대, 1960년대, 1970년대, 1980년대, 1990년대, 2000년대 순으로 구분했고, 세로축은 장르를 기준으로 재즈, 소울, 록, 일렉트로닉, 힙합의 다섯 종류로 음반을 구분했다. 이처럼 '장르×연대' 형태로 음반을 정리해놓아 한눈에 음악의 역사를 알 수 있을 뿐만 아니라 원하는 음반을 찾기도 쉽다. 책꽂이에 꽂혀 있는 음반을 찬찬히 살펴보며 원하는 음반을 찾아도 좋지만 좀 더 빨리 찾고 싶다면 컴퓨터를 이용해 검색해볼 수도 있다.

음악의 감동을 제대로 만끽하려면 어떤 음향기기로 듣는지도 중요하다. 현대카드 뮤직 라이브러리는 친절하게도 라이브러리에 비치된 음반을 듣기에 가장 좋은 턴테이블을 준비해놓았다. 요즘에

'장르×연대' 방식으로 구성된 라이브러리. 세로축은 재즈, 소울, 록, 일렉트로닉, 힙합의 장르별로, 가로축은 1950년대부터 시간순으로 음반이 정렬되어 있다. 한눈에 음악의 역사를 알 수 있는 구성 방식이다.

는 주변에서 쉽게 볼 수 없는 것이어서 턴테이블 자체도 흥미롭지만 턴테이블에 음반을 놓고 헤드셋을 끼고 음악을 들으면 디지털 음악에서는 느낄 수 없는 또 다른 감동에 빠져든다.

턴테이블만의 감성이 음악의 감동을 배가시킨다. 사진은 두 사람이 함께 음악을 들을 수 있도록 이어폰이 두 개 설치된 턴테이블 모습.

《롤링 스톤》 컬렉션만으로도 뮤직 라이브러리답다.

고객이 자신의 모습을 담을 수 있도록 비치된 셀카봉. 고객에 대한
배려가 돋보인다.

떠오르는 악상을 그릴 수 있고 좋아하는 곡을 신청할 수 있는 키트가
마련되어 있어 더욱 감성을 자극한다.

바이닐&플라스틱, 체험을 구매로 연결하는 공간

문화는 한번 체험하면 또다시 체험하고 싶은 욕구를 불러일으킨다. 현대카드 뮤직 라이브러리는 이 점을 놓치지 않았다. 현대카드 뮤직 라이브러리 옆에는 '바이닐&플라스틱(Vinyl & Plastic)'이라는 간판이 붙어 있는 건물이 있다. 이 건물도 라이브러리의 한 부분이라 착각하는 분들이 있는데, 음반과 음악 관련 기기를 파는 공간이다. 라이브러리에서 나오면 바로 바이닐&플라스틱이 보인다. 아날로그 감성의 여운이 채 가시지 않은 상태이기 때문에 대부분 자석에 이끌리듯 이곳을 둘러보게 된다.

바이닐&플라스틱 역시 아날로그 감성이 넘친다. 1층은 비닐 음반(LP)들이 대부분을 차지하고 있다. 이렇게 LP가 많았나 새삼 놀랄 정도로 많다. K-팝부터 힙합, R&B, 소울, 재즈, 클래식 등의 외국 LP까지 웬만한 LP는 다 이곳에 모여 있는 느낌이다. 2층은 CD와 카페가 있는 공간이다. LP도 그렇지만 요즘에는 CD도 보기 힘들다. 그 CD가 한 공간에, 그것도 존재하는 모든 CD는 다 모아놓은 것이 신기하게 느껴지기도 한다.

상업공간이지만 중간 중간 음악을 들을 수 있는 배려도 잊지 않았다. LP를 들을 수 있는 턴테이블, CD를 들을 수 있는 공간, 심지어는 카세트 테이프를 들을 수 있는 공간까지 마련해놓았다.

뮤직 라이브러리와는 별개의 공간이지만 바이닐&플라스틱은 뮤직 라이브러리에서 감동받은 고객들을 자연스럽게 구매로 연결시키는 역할을 한다. 뮤직 라이브러리에서 LP판에 감동을 받은 사람은 집에서도 LP판을 듣고 싶어 할 수 있다. 이런 고객들은 바이

뮤직 라이브러리라고 착각하기 쉬운 바이닐&플라스틱 상업공간

누구나 즐길 수 있는 1층 매장의 제품들에는 현대카드 회원에게만
해당되는 가격 표시가 별도로 되어 있다.

바이닐&플라스틱에는 음악을
들을 수 있는 공간이 별도로
마련되어 있다. 이곳은 CD를
들을 수 있는 2층 공간.

바이닐&플라스틱에 들어서는 순간 음악에 빠질 수밖에
없도록 환경을 잘 조성해두었다.

현대카드의 히스토리를 즐길 수 있는 책과 굿즈가 팬심을 더욱 자극한다.

닐&플라스틱에 준비되어 있는 LP판과 턴테이블에 눈길이 갈 수밖에 없다.

현대카드 뮤직 라이브러리는 디지털 시대에 아날로그 감성을 소비하는 층이 확실히 있다는 것을 확인시켜 주는 공간이다. 현대카드도 이미 알고 있었기에 다른 라이브러리와는 달리 뮤직 라이브러리와 자연스럽게 연계할 수 있는 '바이닐&플라스틱'이라는 상업공간을 만들지 않았을까?

뮤직 라이브러리가 현대카드 고객들만을 위한 공간이라면 바이닐&플라스틱은 누구나 이용할 수 있는 공간이다. 비록 상업공간이고 제한적이기는 하지만 상품을 판매만 하는 것이 아니라 뮤직 라이브러리처럼 일부 체험할 수 있는 공간을 마련해 단순한 상업공간을 넘어 복합문화공간 같은 느낌을 준다. 강요하지 않고 체험하게 함으로써 스스로 소비할 수 있게 만드는 문화 마케팅의 힘을 실감하고 싶다면 방문을 권한다.

프라이빗한 놀이터의 출입증

"와우! 현대카드 대단하네. 카드회사가 어떻게 이렇게 멋진 라이브러리를 만들었지?"

현대카드 뮤직 라이브러리를 직접 보고 경험한 사람들은 대부분 이런 반응을 보인다. 카드회사, 금융회사인 줄만 알았던 현대카드가 고객들을 위해 엄청난 문화공간을 만들었다는 데 놀라움을 금치 못한다. 그러면서 자연스럽게 현대카드가 만든 또 다른 라이브러리인 '디자인', '트래블', '쿠킹' 라이브러리를 궁금해한다.

현대카드가 라이브러리를 만든 목적은 비교적 분명하다. 카드회사가 수익을 내고 증가시키는 일반적인 방법은 고객들에게 무이자 할부, 포인트 적립 등 다양한 혜택을 주어 카드를 많이 쓰게 하는 것이다. 고객들이 카드를 많이 쓰면 카드 가맹점으로부터 결제금액에 따라 일정 수수료를 받는데, 이 수수료가 가장 큰 수익원이 된다.

하지만 현대카드는 일반적으로 어느 카드회사나 줄 수 있는 혜택보다는 현대카드만의 차별화된 혜택을 주기로 했다. 그것이 바로 현대카드 라이브러리다. 현대카드는 자잘한 혜택을 주어 소비를 유도하기보다는 수준 높은 문화를 경험할 수 있는 공간을 제공해 좋은 이미지를 만들고, 현대카드를 좋아하는 마니아층을 만드는 방법을 선택했다. 문화 마케팅이라는 승부수를 띄운 것이다.

현대카드 문화 마케팅은 상당히 정교하다. 국민소득 수준이 높아지고 문화에 대한 관심 또한 많아지면서 문화 마케팅을 지향하는 업체들이 늘고 있지만 현대카드처럼 제대로 준비해 고객들을 감동시키는 경우는 그리 많지 않다. 사실 문화 마케팅은 바로 효과가 나타나지 않는다. 긴 호흡으로 진정성 있게 꾸준히 해야 고객들이 감동을 받는다. 그런 점에서 현대카드 라이브러리는 높이 평가할 만하다.

사람들이 많이 모여드는 곳은 땅값이 비싸기 마련인데, 현대카드는 비용을 생각지 않고 좋은 위치를 골라 라이브러리를 만들었다. 뮤직 라이브러리는 한남동, 디자인 라이브러리는 가회동, 트래블 라이브러리와 쿠킹 라이브러리는 강남에 있으니 네 개 라이브러리 모두 서울에서 땅값이 비싸기로 유명한 곳에 자리를 잡은 셈이다.

현대카드는 2012년부터 라이브러리를 만들 준비를 시작해 2013년 2월 디자인 라이브러리, 2014년 5월 트래블 라이브러리, 2015년 5월 뮤직 라이브러리를 선보였고, 2017년 4월 쿠킹 라이브러리를 오픈하면서 계획했던 네 개의 라이브러리를 모두 완성했다. 주제는 달라도 라이브러리의 중심은 '책'이다. 현재 네 개의 라이브러리에는 약 4만여 권의 책이 비치되어 있는데, 다른 곳에서는 볼 수 없는 희귀본을 비롯한 귀한 책들이 대부분이다.

이 4만 권을 엄선하기 위해 20만 권이 넘는 책을 검토했다고 한

2013년 2월 개관한 디자인 라이브러리. 희귀본이 많아 디자이너들은 물론 각 분야 전문가들이 즐겨 찾는다.

〈출처: 현대카드·현대캐피탈 뉴스룸〉

다. 책 이외의 다른 자료를 모으는 데도 전 세계를 돌아다니며 상상을 초월할 정도의 엄청난 노력을 했다고 전해진다. 특히 디자인 라이브러리에는 레어북(희귀 도서)이 많은데, 이 책은 미리 예약을 해야 볼 수 있다.

워낙 귀한 책들이 많아 책만 봐도 인사이트를 얻을 수 있지만 문화는 직접 체험할 때 더 감동이 크다. 현대카드 라이브러리는 이 점을 놓치지 않고 체험할 수 있는 공간을 준비해놓았다. 특히 트래블 라이브러리와 쿠킹 라이브러리의 체험 공간은 더 정교하다.

트래블 라이브러리는 동선을 따라 마치 여행을 하는 듯한 느낌을 잘 살렸다. 공항처럼 여행지와 항공편을 보여주고, 지도를 볼 수 있는 공간은 천장에 비행기 모형들이 가득하다. 다양한 자료를 참조해 여행 계획도 짜고, 직접 여행지를 간 것 같은 기분을 느낄 수 있게 해주는 공간도 있다. 여행지별로 자세한 정보를 얻을 수 있는 강의도 많이 한다. 트래블 라이브러리는 기분전환을 하고 싶을 때나 기획을 해야 할 때 기내형 트렁크에 필요한 소품들을 담고 진짜 여행을 하는 것처럼 다녀올 수 있는 곳이다. 입구부터 비행기 티켓팅을 하는 느낌이 들고, 가방도 받아주고 게이트도 열어주어 정말 비행기를 타고 어디론가 떠나는 것 같은 기분을 체험할 수 있다.

쿠킹 라이브러리에는 셀프 쿠킹 프로그램과 쿠킹 클래스가 있다. 셀프 쿠킹 프로그램은 말 그대로 강사 없이 레시피를 보면서 스스로 요리를 해보는 프로그램이다. 라이브러리에 방문해 현장에서 접수하면 2인 1조로 참여할 수 있다. 직접 라이브러리에서 준비한 재료로 음식을 만들고, 테라스에서 만든 음식을 먹어보는 재미가 쏠쏠하다. 쿠킹 클래스는 전문 셰프와 함께 음식을 만들어보는

2014년 5월 개관한 트래블 라이브러리. 모든 라이브러리가 그렇지만
트래블 라이브러리는 특히 더 체험 위주로 구성되어 있다.

프로그램인데, 혼자서는 하기 어려운 요리를 배울 수 있어 인기가 많다.

문화 마케팅의 최종적인 목적은 다른 마케팅과 마찬가지로 고객들을 더 많이 확보해 현대카드를 쓰게 하는 것이다. **궁극적으로 가장 이상적인 마케팅은 '고객'이 아닌 '팬'을 만드는 것이다. 그런 관점에서 보면 고객들이 열렬한 팬심을 갖게 하는 현대카드 라이브러리의 비즈니스 모델은 매우 뛰어나다.**

누구나 가고 싶어 할 만큼 멋진 공간이 있는데, 현대카드가 있어야만 들어갈 수 있다면 누구라도 현대카드를 만들고 싶어질 것이다. 현대카드 라이브러리는 입장할 때 현대카드를 찍어야 열리는 구조여서 마치 특별한 사람만 초대받을 수 있는 비밀공간에 들어가는 느낌이 들게 한다. 한마디로 현대카드 고객임을 자랑스럽게 느끼게 하는 출입증인 셈이다.

라이브러리는 새로운 고객을 확보하는 데도 일조한다. 현대카드 이용자는 두 사람을 더 데리고 라이브러리를 입장할 수 있다. 그래서 처음에는 현대카드를 소지한 사람을 따라 라이브러리를 구경하고, 그 멋진 문화공간에 매료돼 현대카드를 만드는 사람들도 많다.

현대카드 라이브러리를 찾는 사람은 연평균 약 20여만 명에 달한다. 입소문이 나면서 앞으로 더 많은 사람들이 라이브러리를 찾을 것으로 보인다. 다른 곳에서는 경험하기 힘든 문화를 현대카드 라이브러리에서 다양한 형태로 체험하면서 기존 고객들은 현대카드를 더 사랑하고 자랑스러워하고, 우연히 따라왔던 사람들은 신규 고객이 된다. 이처럼 현대카드 고객이 늘면 현대카드의 수익은

2015년 5월 개관한 뮤직 라이브러리. 시대별·장르별로 비치된 LP판이 압권이다.

자연히 늘 수밖에 없다. 시간은 좀 걸리지만 문화 마케팅만큼 고객들의 마음을 확실히 사로잡고 오랫동안 붙잡아 둘 수 있는 마케팅도 드문 것 같다.

〈출처: 현대카드·현대캐피탈 뉴스룸〉

2017년 4월 개관한 쿠킹 라이브러리. 세계 각지에서 수집한 다양한
식재료가 눈을 뗄 수 없게 만든다.

취향을 설계하는 곳, 츠타야 vs 현대카드 라이브러리

　현대카드 라이브러리를 경험한 사람들 중에는 일본의 '츠타야'를 떠올리는 분들이 많다. 나도 그중 하나다. 츠타야는 서점이라 불리기는 하지만 사실 라이프 스타일과 관련된 모든 것을 제안하는 문화기획사다. 현대카드도 스스로를 단순한 카드회사나 금융회사가 아닌 '고객에게 새로운 라이프 스타일을 제안하는 기업'이라 말한다. 비즈니스 방식은 차이가 있어도 둘 다 라이프 스타일을 제안하는 기업이다 보니 두 회사 스타일 모두 나에게는 무척이나 매력적으로 다가온다.

　츠타야는 따로 소개하지 않아도 이미 많은 사람이 알 정도로 유명하다. 우리나라 사람들이 일본 여행을 갈 때 꼭 시간을 내서 찾아가 보는 곳이기도 하다. 비즈니스 관점에서도 흥미로운 부분이 많아 인사이트를 얻거나 새로운 비즈니스 모델을 찾는 데도 도움이 된다.

　일반적으로 일본 출판 시장은 우리나라의 열 배 규모라고 한다. 그럼에도 일본 역시 출판 불황의 늪에서 허덕이는 중이다. 출판사는 물론 서점도 고전을 면치 못하는데, 유일하게 츠타야만 생존을 넘어 고공 행진하고 있다. 현재 츠타야는 일본 전역에 오프라인 매장 1,400개, 연매출 2천억 엔의 거대기업으로 성장했다.

　이쯤 되니 사람들은 츠타야의 성공 비결에 관심을 가질 수밖에 없고, 친절하게도 츠타야의 수장인 마스다 무네아키는 그 성공 비결을 책으로 출간해 궁금증을 풀어주었다. 마스다 무네아키가 말한 성공의 핵심이 바로 '라이프 스타일을 제안하는 것'이다.

현대카드, 츠타야와 같이 라이프 스타일을 제안하는 전략이 소비자들의 대환영을 받는 이유는 무엇일까? 바로 소비시장의 변화 때문이다. 지금은 제품도 넘치고, 제품을 만날 수 있는 플랫폼도 넘치는 시대다. 선택의 폭이 넓어져서 좋아하는 소비자들도 있겠지만 너무 많아서 오히려 혼란스러워하는 소비자들도 많다. 현대 카드와 츠타야는 이런 소비자들이 있음을 놓치지 않았다. 스스로 선택하기를 어려워하는 소비자들을 위해 대신 선택해주거나 추천해주는 '제안'이 필요하다고 생각했고, 그 생각은 정확히 맞아 떨어졌다.

한남동과 마찬가지로 부촌 느낌의 다이칸야마에 위치한 츠타야 티사이트, 츠타야 서점이 만든 플래그십 스토어로 단순 서점이 아닌 라이프 스타일을 판다는 자신들의 철학을 보여준다.

도대체 어떻게 제안한다는 것일까? 츠타야 서점을 방문해보면 그 실체를 알 수 있다. 츠타야 서점의 진열 방식은 다른 서점들과는 다르다. 보통 서점들은 시, 소설, 경제, 실용 등 카테고리로 책을 구분해 진열한다. 하지만 츠타야 서점의 진열 기준은 다르다. 카테고리가 아닌 라이프 스타일을 기준으로 책을 진열한다.

예를 들어 건강과 관련된 라이프 스타일을 제안한다면 카테고리가 에세이든 실용서든 상관없이 건강과 관련된 모든 책들을 함께 배치한다. 책뿐만 아니라 건강과 관련된 식품, 기기까지도 함께 진열해놓는다. 독자들이 책을 보면서 자연스럽게 필요한 상품을 구매할 수 있게 유도하는 방식이다. 책은 일종의 제안서인 셈이다. 츠타야는 소비자 관점에서는 서점의 형태일지 몰라도, 사업자 관점에서는 라이프 스타일을 기획하여 제안하는 기획사다.

라이프 스타일을 기준으로 책과 상품을 진열한다는 것은 쉬운 일이 아니다. 무엇보다 흐름이 자연스러워야 한다. 소비자들이 보았을 때 아무 거부감 없이 책부터 관련 상품으로 시선을 옮길 수 있어야 구매 또한 자연스럽게 이루어질 수 있기 때문이다. 소비자의 시선이 아닌 판매자의 욕심에 의해 무리하게 상품을 제안하면 흐름이 끊겨 소비자들이 다른 곳으로 발걸음을 옮겨버린다.

소비자들에게 라이프 스타일을 제안하여 받아들이게 하려면 먼저 새로운 라이프 스타일을 경험하게 해주어야 한다. 츠타야가 책을 통해 간접적으로나마 경험하게 만든다면 현대카드 라이브러리는 좀 더 직접적으로 문화와 라이프 스타일을 경험할 수 있게 한다는 점이 조금 다르다.

'츠타야 가전' 내부. 츠타야 가전은 이름에 '가전'이 들어가지만 책과 생활용품, 가전제품, 취미용품 등이 함께 진열되어 있다. 이 역시 라이프 스타일을 제안한다는 츠타야의 철학을 잘 보여준다. 빌딩 속에 숲속을 연상시키는 인테리어가 인상적이다.

어떤 방법이든 일단 경험하면 관심을 갖게 되고, 새로운 라이프를 즐기는 데 필요한 상품을 구매할 수 있다. 그 흐름에서 소비자들이 좀 더 쉽게 상품을 선택할 수 있도록 제안하려 노력하는 점은 츠타야와 현대카드 라이브러리 모두 동일하다.

츠타야가 고객들이 원하는 라이프 스타일을 제안할 수 있는 배경에는 T-포인트 카드가 있다. T-포인트 카드는 츠타야에서 발급하는 회원카드다. 원래 츠타야는 35평 작은 매장에서 회원제로 음반과 책을 대여해주는 것으로 시작했는데, 2018년 말 기준으로 회원이 7천만 명에 육박하고 있다. 일본 인구의 절반 이상이 츠타야 회원인 셈이다. 이 방대한 회원이 사용하는 카드 사용내역은 츠타야가 대중들의 소비 패턴과 취향을 파악하는 데 큰 도움이 된다. 만약 츠타야가 객관적인 데이터도 없이 라이프 스타일을 제안했다면 아마 지금과 같은 성공은 거두지 못했을 것이다.

츠타야가 음반과 책 대여업으로 시작해 T-포인트 카드 사업으로 확장했다면 현대카드는 카드 사업으로 시작해 고객들을 위한 라이브러리, 슈퍼 콘서트 등의 문화사업을 하면서 라이프 스타일을 제안하고 있다. 순서만 다르지 둘 다 결과적으로 라이프 스타일을 제안한다는 점은 동일하다. 앞으로 두 회사가 고객들에게 어떤 새로운 라이프 스타일을 제안하고 문화를 주도할지 사뭇 궁금해진다.

스타벅스에
열광하는 데는
이유가 있다

우리나라는 커피 공화국이다. 남녀노소 할 것 없이 누구나 커피를 즐긴다. 2017년 한 해 동안 우리나라 국민 한 사람당 마신 커피는 무려 512잔이라고 한다. 하루에 한 잔 이상은 커피를 마셨다는 얘기다. 우리나라 커피 소비량이 세계 6위인 것을 보면 그리 놀라운 통계도 아니다.

커피 공화국답게 카페도 참 많다. 거리에 나서면 가장 많이 눈에 띄는 게 카페다. 대형 프랜차이즈 카페부터 동네 작은 카페까지 발에 차이는 게 카페라 해도 무방하다. 그만큼 경쟁이 치열해 카페로 성공하기는 하늘에 별 따기처럼 어렵다.

그럼에도 굳건히 1위를 지키고 해마다 매출이 느는 카페가 있다. 모두가 짐작하는 스타벅스가 그 주인공이다. 스타벅스 매장은 2018년 3분기를 기준으로 1,225개로 집계됐다. 2010년 327개에 불과했던 매장이 불과 8년 만에 네 배 가까이 증가한 것이다. 매출액 역시 놀랍다. 2016년 매출 1조 원을 돌파하더니 2018년 매출은 1조 5천억 원을 훌쩍 넘었다.

나는 스타벅스를 좋아하기는 하지만 일부러 찾아갈 정도로 스타벅스 광팬은 아니다. 하지만 국내에 들어온 지 10년이 넘도록 점점 더 세를 확장하고 있는 것만큼은 높이 평가한다. 생각보다 10년을 지속적으로 성장하면서 살아남는 기업은 별로 없다. 분명한 비즈니스 모델과 성장하려는 노력이 없으면 불가능한 일이다.

아마도 많은 사람이 스타벅스를 즐겨 찾을 것이다. 요즘에는 일반 스타벅스와 차별화된 스타벅스 리저브에 매력을 느끼는 사람들도 많다. 일반 스타벅스든, 스타벅스 리저브든 비즈니스를 하는 사람이라면 커피만 마시지 말고 스타벅스의 성장 이면에 무엇이 있는지를 봐야 한다.

스타벅스, 문화의 재창조를 추구하다

스타벅스에서 커피를 마실 때 무엇을 느끼는지? 나는 스타벅스에 갈 때마다 의문이 들었다. 도대체 왜 스타벅스가 승승장구할까? 스타벅스의 공간은 다른 커피 전문점보다 특별하지 않다. 오히려 테이블 간 간격이 좁아 복잡하고 시끄러운 느낌을 주거나 반대로 너무 도서관 같은 분위기여서 미팅을 하기가 조심스러운 곳도 있다. 커피 맛은 괜찮다. 하지만 요즘에는 워낙 질 좋은 원두로 맛있는 커피를 파는 카페들이 많아 커피 맛이 스타벅스 경쟁력의 핵심이라 하기 어렵다.

커피도, 공간도 아니라면 무엇이 핵심일까? 스타벅스는 국내에 진입할 때부터 '커피가 아닌 문화를 판다'는 콘셉트를 표방했다. 스타벅스를 즐겨 찾지 않는 사람들도 이 콘셉트를 들어봤을 정도로 '스타벅스 = 커피 문화'로 인식시키는 전략은 어느 정도 통했다고 봐야 한다.

개인적으로는 주로 오후에 업무에 집중하기 위해 커피를 마신다. 그렇다 보니 매장에서 커피를 즐기기보다는 커피를 사서 사무실에 들고 와 일하면서 마실 때가 많다. 나에게 있어 커피는 문화라기보다는 지친 몸을 각성시키는 약과 같은 존재였기에 스타벅스가 판다는 문화를 경험하지 못했던 것 같다.

스타벅스의 문화란 대체 뭘까? 대번에 떠오른 것이 스타벅스에서 판매하는 머그컵, 텀블러 등의 굿즈다. 나에겐 스타벅스 머그컵과 텀블러가 꽤 많다. 주로 트립을 같이 갔던 젊은 친구들이 도시별로 스타벅스 굿즈를 컬렉팅하는데 내게도 선물해준 것이다. 자기 것을 사면서 나에게도 하나 선물하고 싶다며 사주는 것인데, 생각보다 많은 사람들이 수집을 하듯 스타벅스 굿즈를 산다는 데 놀란 적이 있다.

한 친구는 도시별로 스타벅스 머그컵을 사서 모으는 게 취미라고 했다. 스타벅스 굿즈는 모양은 같아도 나라별로, 도시별로 해당 지역이 표시되어 있어 수집욕을 자극한다. 또한 시즌별로 디자인을 달리해 출시하는데, 스타벅스를 좋아하는 사람들은 기꺼이 지갑을 연다.

연말에 선보이는 스타벅스 다이어리의 인기도 대단하다. 더군다나 돈만 낸다고 살 수 있는 다이어리가 아니라서 더 흥미롭다. 커피를 한 번 마실 때마다 받는 쿠폰을 17개 모아야 다이어리를 살 수 있는 자격을 얻을 수 있다. 그런 번거로운 수고를 감수하고 열일곱 번 스타벅스 매장을 찾아 쿠폰을 찍어 다이어리를 산다는 건 일종의 문화라고 봐야 한다.

스타벅스 굿즈 . 종류가 무척 다양하다.

스타벅스에서 판매하는 한정판 상품을 모으는 사람들이 많다.
스타벅스에 대한 팬심을 유지시켜 주는 역할을 한다.

결정적으로 스타벅스가 문화를 판다는 것을 인정할 수밖에 없었던 계기가 있다. 봄이 가깝기는 했지만 아직 겨울 냄새가 채 가시지 않은 어느 날이었다. 직원들과 커피를 마시러 나갔는데, 메뉴판에 벚꽃이 난무했다.

"일에 치여 봄이 오는 줄도 몰랐는데, 스타벅스 벚꽃 메뉴에서 봄을 느끼네요."

한 직원이 메뉴판을 보면서 하는 말을 듣고 스타벅스가 커피를 파는 곳이 아니라 문화를 판다는 것을 수긍할 수 있었다. 계절의 변화를 스타벅스 매장에 담고, 일상생활에서 이용하고 소장하고 싶은 생활용품을 시즌별로 선보이고, 기프티콘으로 부담 없이 선물을 주고받게 하는 것 모두 일상의 문화로 자리 잡았다.

그런 면에서 스타벅스 기프티콘은 지인에게 부담 없이 선물하기에 좋은 아이템이다. 내가 스타벅스를 즐겨 마시지 않더라도 누군가에게 기프티콘을 선물할 때는 꼭 스타벅스 커피를 선택한다. 기프티콘 선물은 받은 사람이 편하게 이용할 수 있어야 한다. 매장이 주변에 없어 몇 천 원짜리 기프티콘을 사용하기 위해 먼 곳까지 가게 하면 선물이 아닌 애물단지가 될 수도 있다. 스타벅스는 가장 교통이 좋은 곳을 선점한 데다 전국적으로 워낙 매장이 많아 기프티콘을 이용하기에 더없이 좋은 카페다.

스타벅스의 문화는 스타벅스를 사랑하는 충성고객들을 만드는 데도 큰 역할을 하였다. 팬심이 생기면 그와 관련된 모든 것들에 관심을 갖기 마련이다. 커피만 마시는 것이 아니라 자연스럽게 스타벅스 로고가 새겨진 예쁜 디자인의 굿즈에도 눈길이 가고, 다른 사람과도 함께 자신이 좋아하는 문화를 나누고 싶어 한다. 결국 지금의 스타벅스를 있게 한 핵심은 커피 자체보다 일상에서 쉽게 접할 수 있는 스타벅스의 문화란 생각이 든다.

스타벅스의 보이지 않는 주력 무대, 온라인 마켓

"고객 입장에서는 너무 좋은데, 과연 수익이 많이 날까요?"

언젠가 트립을 같이 하던 지인이 정말 궁금하다는 표정으로 질문했다. 스타벅스는 경우에 따라 책을 읽거나 공부하는 공간으로, 여러 명이 모여 스터디를 하거나 회의를 하는 공간으로 이용된다. 와이파이가 기본으로 제공돼 인터넷으로 정보를 검색하거나 업무를 처리하는 것도 가능하다. 무엇을 하든 주변의 시선이나 시간에 구애받지 않고 편안하게 스타벅스 공간을 이용할 수 있다.

스타벅스뿐만 아니라 모든 요식업 오프라인 매장은 객단가(고객 1인당 평균 매입액)와 테이블 회전율이 중요하다. 스타벅스의 경우 커피 값이 다른 카페보다 비싸고, 커피와 함께 베이커리까지 주문하면 어느 정도 객단가가 나온다고 볼 수 있다. 하지만 스타벅스 공간이 편안하고 다양한 용도로 활용할 수 있어 장시간 머무르는 고객이 많아 테이블 회전율이 낮으면 수익성이 좋지 않을 수 있다. 비즈니스를 준비하던 지인은 객단가는 웬만큼 나온다고 해도 회전율이 낮아 보여 그런 질문을 했던 것 같다.

오프라인만 보면 그 지인처럼 생각할 수도 있다. 그리고 앞에서도 이야기했듯이 스타벅스는 커피만 파는 것이 아니라 문화를 주도하며 다양한 상품을 판매하기 때문에 오프라인 매장 자체에서 나오는 수익도 만만치 않다. 하지만 스타벅스가 불황에도 계속 매출과 수익을 늘릴 수 있었던 힘은 '온라인'에 있다. 카카오톡을 통해 판매되는 스타벅스의 기프티콘과 기프트카드의 매출 규모는 상상을 초월한다. 금융감독원이 발표한 자료에 의하면 2018년 기준 스타벅스의 매출은 1조 5223억 원인데, 이 중 상당 부분이 온라인 매출인 것으로 알고 있다.

스타벅스의 무대는 오프라인만이 아니다. 이미 온라인에서 더 많은 인기를 누리고 있는데, 이는 '문화'를 중심으로 고객을 감동시켰기 때문에 가능한 일이다. 오프라인에서 다양한 문화를 체험하고 감동한 고객들이 팬심을 갖고 그대로 온라인에 유입된 것이다. 이런 오프라인과 온라인의 연결이 스타벅스를 부동의 1위 카페로 만들지 않았을까?

나에게 베푸는 특별한 행복, 스타벅스 리저브

스타벅스는 믹스커피에 익숙해져 있던 한국인들이 원두에서 추출한 아메리카노 커피의 맛과 향을 좋아하게 만드는 데 결정적인 역할을 했다. 지금은 믹스커피를 즐기는 사람보다 원두커피를 찾는 사람들이 더 많을 정도로 커피 소비문화가 바뀌었다. 1세대 커피 소비문화를 인스턴트 커피가 이끌었다면 최근 10여 년은 2세대인 원두커피가 주도했다고 봐야 한다.

더 이상 원두커피는 새롭지 않다. 원두커피도 원두 종류에 따라 맛과 향이 다르지만 그마저도 너무 일반화돼 좀 더 특별하고 고급스러운 커피를 즐기고 싶어 하는 사람들에겐 만족을 주지 못하는 상황에 이르렀다. 더 특별한 커피를 원하는 사람들이 많아지면서 커피 소비문화는 스페셜티 커피를 중심으로 재편되고 있다. 스타벅스도 그 누구보다도 발 빠르게 일반 커피와는 차원이 다른 고급 커피를 판매하는 '스타벅스 리저브' 매장을 선보였다. 우리나라에서 2016년 처음 선보인 스타벅스 리저브는 2018년 말 기준으로 약 40여 개로 늘었다.

스페셜티 커피 가격은 일반 커피에 비해 1.5배가량 비싸다. 약 6,500~7,000원 정도로 소박한 밥 한 끼와도 맞먹는 가격인데, 스페셜티 커피를 찾는 사람들은 점점 느는 추세다. 값은 비싸도 맛있고 특별한 커피 한잔을 마셔 마음이 편안해지고 행복해질 수 있다면 기꺼이 지갑을 여는 소비자가 많아진 것이다.

같은 스타벅스지만 스타벅스 일반 매장과 스타벅스 리저브는 큰 차이가 있다. 스페셜티 커피는 미국 스페셜티커피협회(SCAA) 평가 기준으로 100점 만점에 80점 이상을 받은 고품질 커피를 말한다. 당연히 일반 매장보다 리저브 매장이 고급 원두를 사용하는 것은 특별한 일이 아니다. 스타벅스가 그랬듯이 스타벅스 리저브도 문화를 판다. 바리스타와 교감을 하는 것은 물론 음악, 스토리, 디저트 등과 함께 커피를 즐길 수 있다. 다양한 형태로 문화를 체험하며 즐길 수 있는 것이 스타벅스 리저브의 매력이다.

리저브는 메뉴판부터 격이 다르다. 스페셜티 원두 산지부터 맛과 향의 특징, 가장 맛있는 커피를 추출하는 방법까지 상세하게 소

스타벅스에 비치된 메뉴판. 고급 스페셜티 커피에 대한 상세한 정보를 볼 수 있다.

스타벅스 리저브 내부. 리저브만의 다양한 상품들을 보는 재미가 있다.

개했다. 메뉴판과는 별도로 예쁜 엽서처럼 원두를 소개한 인쇄물
도 있다.

커피를 잘 몰라도 괜찮다. 나도 커피에 대해 아주 많이 알지는 못
하는데, 리저브 매장에서는 바리스타가 어떤 맛과 향을 좋아하는
지 물어보고 적합한 원두를 추천해주어 좋다. 뿐만 아니라 커피를
추출하는 방법까지 알아듣기 쉽게 설명해준다. 내 눈앞에서 내가
고른 원두로 커피를 추출해내는 과정을 지켜보는 재미가 제법 쏠
쏠하다. 커피를 마실 때도 바리스타가 자리를 뜨지 않고 말을 걸어
주어 혼자 갈 때는 스타벅스 리저브를 많이 찾는 편이다.

리저브 매장의 기본은 어느 매장이든 동일하다. 하지만 지역적
특성을 감안해 조금씩 차이를 두고 있다. 한남동 스타벅스 리저브
는 한남동 중에서도 국내 최고급 주택단지인 유엔빌리지 근처에
있는 만큼 리저브 매장 중에서도 더 고급스러운 매장으로 손꼽힌
다. 사실 한남동에는 매일유업에서 운영하는 폴바셋과 맥심 플랜
트 플래그십 스토어를 비롯해 고급 커피 문화를 즐길 수 있는 카페
가 많다. 이런 카페와 경쟁하려면 다른 리저브 매장보다 더 특화된
고급 매장을 만들 수밖에 없었을 것이다.

한남동 스타벅스 리저브는 발레파킹이 가능하다. 리저브를 포함
한 스타벅스 매장 중 발레파킹이 가능한 매장은 손에 꼽을 정도다.
하지만 한남동 유엔빌리지에 거주하는 주민들은 주로 차로 이동한
다는 점을 감안해 발레파킹 서비스를 제공하는데, 멀리서 일부러
한남동 스타벅스 리저브를 찾는 사람들에게도 큰 도움이 된다.

커피 추출 방식도 다양하다. 리저브 매장 대부분 '클로버(Clover)'

스타벅스 리저브 한남점

스타벅스 리저브 한강진점

스타벅스 리저브 한강진점 내부. 커피와 함께 먹을 수 있는 빵, 음료수,
간편식이 유혹적이다.

진공압착 기술을 이용해 커피를 추출한다. 이는 분쇄된 커피가 물
에 우러나면 필터가 올라가면서 진공상태를 만들어 커피가 빨리
추출되는 방식이다. 커피를 걸러내는 필터가 아주 미세하여 커피
침전물이 통과하지 못한다. 덕분에 클로버 머신으로 내린 커피는
질감이 부드럽고 풍미가 강렬하다. 원두 본연의 풍미를 즐기고 싶
은 사람들에게 인기가 많은 추출 방식이다.

　한남동점에서는 클로버 외에도 '푸어 오버 콘(pour over cone)'과
'사이폰(Siphon)'으로도 커피를 추출한다. 푸어 오버 콘은 핸드드립

방식으로 물줄기를 드리퍼에 떨어뜨려 커피를 내리는 것으로, 미묘한 풍미를 살릴 수 있는 방식이다. 사이폰은 진공상태에서 물을 가열해 커피의 모든 성분을 추출하는데, 깔끔하고 강렬한 풍미를 자랑한다. 같은 원두라도 어떤 방식으로 추출하느냐에 따라 풍미가 달라진다. 그래서 다양한 풍미를 즐기고 싶은 사람들에게는 한남동점이 더 매력적이다.

요즘에는 순수하게 커피만 파는 카페는 찾아보기 힘들다. 베이커리는 기본이고, 간단한 식사를 대체할 수 있는 식품들도 많이 판다. 커피만으로는 객단가를 높이는 데 한계가 있기 때문에 수익성을 높이려면 어쩔 수 없는 선택이기도 하다. 스타벅스는 물론 스타벅스 리저브도 예외는 아니다. 특히 한남동 스타벅스 리저브는 다른 매장보다 푸드 코너가 더욱 남다르다. 지역적 특성을 고려해 특화된 파니니를 비롯해 다양한 브런치 메뉴를 판매한다. 다른 매장에는 없는 메뉴와 베이커리도 있다.

한때 베이커리와 푸드로 인해 카페 특유의 커피향이 사라지는 것 같아 발걸음을 안 했던 적이 있는데, 지금은 선택의 여지가 없다. 카페가 객단가를 올리기 위해서는 미리 만들어 용기에 담은 음식을 진열해놓고, 구매해서 바로 가져가 먹는 그랩앤고(Grab & Go) 시장을 무시할 수 없는 것이 현실이기 때문이다.

한남동의 지역적 특성을 반영하고 스타벅스를 고급화시킨 리저브 매장이지만 고객층은 다양하다. 아무래도 한남동에 거주하는 사람들이 많이 이용하겠지만 한남동에 살지 않는 사람들도 많이 찾는다. 꼭 돈이 많은 사람들만 리저브 매장을 찾는 것도 아니다.

점심을 먹는 데 7천 원짜리를 먹을까, 8천 원짜리를 먹을까 고민하는 사람들도 소확행(소소하지만 확실한 행복)을 꿈꾸며 리저브를 들른다. 스페셜티 커피와 함께 맛있는 빵까지 함께 먹으면 지출은 크지만 만족감과 행복감을 느낄 수만 있다면 기꺼이 비용을 지불한다.

특별한 사람들만을 위한 특별 매장이 아니라 리저브 매장처럼 '누구라도 특별한 기분을 느끼게 해주는 공간'은 앞으로도 계속 각광받게 될 것이다.

매거진《B》,
광고는 빼고 차별화된 콘텐츠로
브랜드가 되다

　많은 사람들이 '잡지는 죽었다'고 말한다. 정확하게 말하면 종이 잡지가 죽었다. 인터넷이 발달하면서 워낙 다양한 볼거리와 재미가 인터넷에 넘쳐 종이 잡지를 보는 사람들이 준 것이지, 인터넷으로 볼 수 있는 '온라인 잡지'는 오히려 늘었다고 할 수 있다.

　사실 종이 잡지가 고전하기 시작한 것은 어제오늘 일이 아니다. 종이 잡지보다 인터넷으로 정보를 얻고 재미를 즐기는 사람들이 많아지면서 확실히 잡지는 예전의 영광을 더 이상 누리지 못하고 있다. 그래서 많은 사람들이 수익을 생각하지 않으면 모를까, 비즈니스로서 잡지를 만들기는 불가능한 시대가 되었다고 입을 모은다. 정말 그럴까?

　확실히 잡지나 책과 같은 인쇄매체 시장은 예전 같지 않다. 하지만 기존 종이 잡지들이 속수무책으로 무너지는 와중에 조용히 모습을 드러내고 어느새 탄탄한 독자층을 확보한 잡지가 있다. 바로 '매거진《B》'다. 2011년 11월에 창간해 벌써 8주년을 맞이했다. 모두가 고개를 흔드는 잡지 시장에 뛰어들어 날로 성장하는 매거진《B》는 확실히 비즈니스를 하는 사람들에게는 흥미로운 연구대상이다.

매거진 《B》. 2011년 11월에 창간해 지금까지 매달 하나의 브랜드를 집중적으로 소개하고 있다. 사랑받는 브랜드 소개에서 도시별 소개 그리고 푸드까지 확장해 나아가고 있다.

매거진 《B》의 산실, 한남동

매거진 《B》와 한남동이 어떤 연관이 있는지 궁금한 분들이 있을지도 모르겠다. 매거진 《B》는 사운즈한남 안에 있는 스틸북스 서점에서만 파는 것이 아니라 교보문고를 비롯한 다른 오프라인 서점에서도 판다. 온라인 서점에서도 쉽게 매거진《B》를 만날 수 있다.

매거진《B》는 그 시작부터 한남동과 인연이 있었다. 매거진《B》는 지금은 카카오 공동대표인 조수용 대표가 2010년에 설립했던 제이오에이치(JOH)에서 만든 잡지다. 당시 제이오에이치가 둥지를 틀었던 곳이 한남동이어서 비록 지금은 매거진《B》가 강남으로 사무실을 옮겼지만 한남동은 약 6년 동안이나 동고동락했던 매거

한남동 JOH 사옥에 있던 매거진 《B》. 책등의 아이덴티티가 인상적이다.

진《B》의 고향 같은 곳이라 할 수 있다.

어떻게 보면 브랜드를 소개하는 매거진《B》가 탄생하기에 한남동처럼 좋은 장소도 없었을 것이란 생각이 든다. 한남동은 국내외 유명 브랜드들이 포진한 곳이다. 브랜드의 가치를 인정하고 소비할 수 있는 고객층이 많은 한남동에서 브랜드가 더 궁금해지고, 어떻게 브랜드가 만들어지고 브랜드가 어떻게 일상으로 파고드는지를 알고 싶어지는 것은 지극히 자연스러운 일이다.

매거진《B》는 그 자체로도 굉장히 많은 것을 생각하게 하는 좋은 매개체이다. 매거진《B》는 브랜드를 다루면서 그 또한 확실한 브랜드로 성장했다. 다른 잡지와 어떤 차이가 있기에 이처럼 확고한 브랜드로 자리매김할 수 있었는지 살펴보는 것은 큰 의미가 있다. 현대의 비즈니스는 브랜드의 싸움이라 해도 과언이 아닐 정도로 브랜드가 중요한 시대가 되었기 때문이다.

매거진《B》의 새로운 패러다임에 열광하다

매거진《B》는 기존 잡지와는 출발부터 다르다. 일반적으로 잡지의 주 수익원은 '광고'다. 잡지뿐만 아니라 신문도 마찬가지다. 잡지를 판매해서 얻는 수익은 인쇄비를 겨우 충당할 수 있으면 다행인 수준이다. 판매수익보다는 광고수익에 치중하는 구조다 보니 광고가 흔들리면 수익구조가 무너질 수밖에 없다. 수많은 잡지가 소리 소문도 없이 사라진 데는 기업들이 더 이상 종이 잡지에 광고를 할 매력을 느끼지 못한 탓이 크다.

기업들이 잡지 광고에 등을 돌린 것은 거역할 수 없는 시대적 흐름이기도 하다. 인터넷이 대중화되고 잡지를 보던 사람들이 인터넷에서 정보를 찾게 되면서 잡지 보는 사람이 줄어들었고, 그에 비례해 잡지 광고를 보는 사람도 줄었으니 기업 입장에서는 효과가 미약한 광고를 비싼 돈을 주고 할 이유가 없다.

매거진《B》는 잡지의 주 수익모델이 광고라는 통념을 깬 잡지다. 콘텐츠로 승부한다는 전략으로 과감하게 광고를 들어냈다. 이것이 매거진《B》가 기존 잡지와 다른 첫 번째 차이다. 광고를 뺀 대신 잡지 가격을 합리적으로 책정하는 방법으로 수익모델을 만들었다.

기존 잡지들은 대부분 잡지 가격을 가능한 한 낮췄다. 그래야 더 많은 사람들이 잡지를 보고, 잡지 구독자 수는 곧 광고주들에게 효과를 어필할 수 있는 좋은 근거가 되기 때문이다. 보통 400~500페이지가 되는 잡지 한 권을 컬러로 만들려면 제작비가 상당히 든다. 아무리 적게 받아도 15,000~20,000원은 받아야 최소한의 제작비가 나오는데 기존 잡지의 경우 판매가가 비싸야 1만 원 안팎이다. 이에 비해 매거진《B》는 약 130~150쪽 분량에 15,000원이다.

저렴한 가격의 잡지에 익숙한 독자들은 저항감이 있을 수도 있는 가격이지만 매거진《B》는 제대로 좋은 콘텐츠를 싣고 합리적인 대가를 받는다는 전략을 고수했다. 그 전략은 결과적으로 광고 없이도 잡지로 수익을 내는 구조를 만드는 데 큰 도움이 됐다. 잡지의 본질인 콘텐츠에 집중하는 것으로 독자적인 생존력을 확보했다는 것은, 콘텐츠 분야에서 일하는 사람들이 꼭 생각해봐야 할 대목이다.

잡지는 잡다한 내용을 다뤄 잡지라고도 한다. 다양한 분야의 읽을거리가 있어야 사람들이 재미있게 잡지를 본다고 생각하기 때문인데, 전혀 틀린 이야기는 아니다. 하지만 매거진《B》는 한 달에 딱 한 브랜드에만 집중했다. 이것이 두 번째 중요한 차이다.

매거진《B》는 한 번에 비록 한 가지 브랜드만을 다루지만 내용 구성은 다채롭다. 브랜드가 탄생하기까지의 과정, 브랜드를 만든 CEO, 브랜드가 구현된 다양한 형태 등 해당 브랜드에 대한 모든 것을 소개하기 때문에 지루하지 않을뿐더러 깊이가 있다. 이 밖에도 도시 소개, 식품 재료, 콜라보 등 한 가지를 깊이 있고 스타일리시하게 보여주는 새로운 카테고리를 선보였다. 기존 매거진 형태

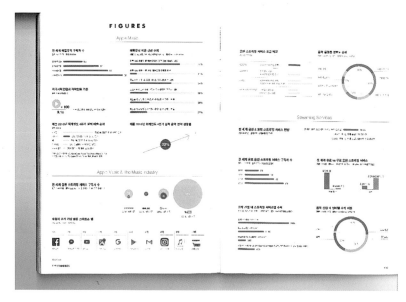

매거진《B》는 내용만큼이나 본문 디자인도 멋지다. 브랜드에 관심이 많은 사람들뿐 아니라 디자이너들에게도 압도적인 인기를 끄는 이유다. 매거진 인포그래픽이 잘되어 있어서 감각적이고 가독성이 좋다.

도, 그렇다고 전문서적도 아닌 매거진 《B》만의 독특한 구성방식이 인상적이다.

　이런 차이는 자연스럽게 매거진 《B》에 열광하는 충성고객을 만들었다. 또한 잡지의 내용이 시류를 타지 않고, 각 브랜드마다 가치가 있다 보니 과월호를 찾는 고객들도 많다고 한다. 아예 매거진 《B》를 몰라 한 번도 사본 적이 없는 사람은 있어도 한 번만 사고 만 사람은 없다는 말이 나올 정도로 매거진 《B》는 남다른 흡인력이 있다. 매거진 《B》를 과월호까지 한꺼번에 다 사는 사람도 많고, 매진돼 미처 사지 못한 과월호를 사기 위해 아낌없이 다리품을 파는 사람들도 많다.

디자인하는 사람들이 매거진 《B》를 즐겨 보는 데에는 감각적인 그리드도 한몫한다.

"좋은 잡지네요. 그런데 수익은 나는 건가요?"

확실히 매거진《B》는 브랜드로서 성공적으로 안착했다. 모두들 인정한다. 하지만 과연 수익이 날까 의심하는 이들이 있다. 비즈니스 관점에서 보면 당연히 품을 수 있는 의문이다. 특히 잡지의 수익 구조를 잘 아는 이들은 더욱더 실제 수익이 나는지 궁금해한다.

매거진《B》는 시간이 많이 걸리기는 했지만 손익분기점을 넘은 상태다. 발간 당시부터 한국만이 아니라 해외 시장을 겨냥해 영문판을 함께 만들었던 것도 판매수익을 꾸준히 늘리는 데 일조했다고 본다.

하지만 매거진《B》의 가치는 판매수익만으로 따질 수 있는 것이 아니다. 매거진《B》는 제이오에이치에게는 플랫폼이자 R&D 연구소와도 같은 잡지다. 제이오에이치는 일호식, 세컨드 키친과 같은 외식 브랜드뿐만 아니라 가방 브랜드인 에드백과 같은 다양한 브랜드를 만든 회사다. 조수용 대표가 한 인터뷰에서 제이오에이치를 '매거진《B》를 플랫폼으로 하는 브랜드 콘텐츠 사업'이자 '도시에 콘텐츠를 심는 부동산 개발사업'이라 정의했듯이 제이오에이치는 브랜드를 만들고 키우는 데 주력하는 회사다. 그런 제이오에이치에게 매거진《B》는 타사 브랜드를 다시 들여다보면서 브랜드의 가치를 재정의하고 어떻게 브랜드를 만들어야 하는지를 연구하는 데 많은 도움이 되었을 것이다.

이처럼 매거진《B》의 가치는 제이오에이치와 연결되면서 시너지 효과를 낸다. 어떤 사람들은 매거진《B》가 제이오에이치라는 배경이 없었다면 수익을 내기까지 6년이라는 긴 시간을 버티지 못했을 것이라고 말한다. 딱 잘라 아니라고 말하기는 어렵다. 제이오에이치 입장에서도 매거진《B》는 단순히 잡지가 아니라 그로 인해 얻을 수 있는 다양한 시너지 효과를 기대하며 만들었을 것이다.

비즈니스 관점에서는 잡지 자체가 목적이 아니었다는 것이 흠이 될 수 없다. 오히려 잡지가 앞으로 어떤 방향으로 가야 하는지를 매거진《B》가 제시했다는 생각이 든다. 자체로서의 수익성은 크지 않지만 다른 비즈니스를 하는 데 있어 훌륭한 플랫폼 역할을 하면서 시너지 효과를 창출할 수 있다는 점에서 잡지는 여전히 매력적인 비즈니스 도구가 될 수 있다.

하나의 브랜드가 된 영국 잡지,《모노클》

매거진《B》처럼 기존 잡지와는 다른 차별화로 탄탄한 독자층을 형성한 잡지가 영국에도 있다. 개인적으로《모노클(Monocle)》을 안 지는 얼마 되지 않았다. 채 2년이 안 되었는데, 처음에는 잡지의 내용에 매료되었다.

잡지 내용 구성만 보면 기존 잡지와 비슷하다. 매거진《B》처럼 어느 한 가지 주제를 집중적으로 다룬 것이 아니라 국제정세, 비즈니스, 문화, 디자인, 여행 등 다양한 분야를 소개한다. 하지만 내용을 읽다 보면《모노클》이 누구를 대상으로 만든 잡지인지를 분명하게 알 수 있다.《모노클》이 겨냥한 독자층은 CEO다. 그것도 1년에 적어도 해외출장을 열 번 이상 가는 CEO라고 못을 박고 있다. 이 독자층이 좋아하고 도움이 될 만한 내용만을 골라 소개하는 것이《모노클》이다.

매월 발행되는 월간지의
형태(사진의 아래쪽)와
업종별로 새로운 시각을
정리한 큐레이션이 담긴
단행본(사진의 위쪽)

한국이 특집으로 실렸던
《모노클》 2018년 3월호

독자층을 확실하게 정의한 것은 비단《모노클》만이 아니다.《모노클》이 전 세계 CEO들의 사랑을 받는 이유 중 하나는 매거진《B》와 마찬가지로 다른 잡지에서는 볼 수 없는 내용을 소개하기 때문이다. 같은 주제라도《모노클》의 관점에서 재해석해 CEO들에게 더욱 도움이 되는 형태로 구성한 것이 특징이다. 사진도 거의 95% 이상 직접 촬영해 사용하는 것으로 유명하다. 디자인도 훌륭하다. 직접 촬영한 사진과 일러스트를 많이 이용해, 읽기보다는 보는 잡지 같은 느낌을 준다. 이미지는 디자인의 품격을 높이는 데도 한몫을 하지만 이미지 자체가 훌륭한 정보 전달 역할을 하므로 영어가 서툴러도 대략적으로 내용을 이해할 수 있다.

《모노클》은 잡지 자체만으로도 무척 흥미롭다. 하지만 비즈니스를 하는 내 입장에서는 잡지 내용 자체보다는《모노클》의 비즈니스 구조에 더 관심이 간다. 많은 사람이 인쇄매체의 한계를 말할 때 결코 인쇄매체가 죽지 않았음을 보여주는 잡지 중 하나가《모노클》이다. 단지 죽지 않은 데서 끝나는 것이 아니라 날로 성장하는 잡지라는 점에서 내 관심을 끌기에 충분했다.

《모노클》은 잡지 한 권이 그 자체로 완결성을 갖는 단행본 못지않다. 그래서 매거진《B》가 그렇듯《모노클》도 과월호가 인기가 많다.《모노클》정가가 5파운드인데, 과월호는 10파운드에 팔 정도로 과월호의 가치가 높다.

잡지에 소개했던 내용은 주제별로 큐레이션해 단행본으로 출간하기도 한다. 예를 들어 여행, 호텔, 식당, 라이프 등 각 주제에 해당하는 내용을 따로 뽑아 단행본으로 구성한다. 비즈니스적인 관점

《모노클》은 95% 이상 직접 촬영한 사진과 기사에 맞는 일러스트를 그려 사용하기 때문에 보기 편하고, 디자인적인 완성도도 높은 잡지다.

에서 보면 어렵게 만든 콘텐츠를 일회성으로 사용하고 끝나는 것이 아니라 재구성해 콘텐츠로부터 얻을 수 있는 수익을 확대했다는 점이 눈에 들어온다. 콘텐츠를 재구성하는 데도 분명 시간과 노력이 들어가지만 아예 처음부터 새로 콘텐츠를 만들 때와 비교하

지역별로 여행 콘텐츠를 골라 만든 단행본. 모노클
트래블 가이드 시리즈.

면 확실히 수월하다.

　무엇보다《모노클》은 무조건 더 많은 독자를 확보하기 위해 애
쓰지 않는다. 요즘에는 불특정 다수를 겨냥한 비즈니스보다 시장
규모가 작더라도 특정 대상층을 분명하게 겨냥한 비즈니스가 성공
할 가능성이 크다.《모노클》이 좋은 예이다. 어설프게 독자층을 확
대하면서《모노클》의 성격이 모호해지는 것보다 기존 독자층을 유
지하면서 성격을 분명하게 가져가는 것을 택했다.

　잡지를 판매하는 방식도 특이하다. 보통 잡지는 1년 정기구독을
하면 일정 금액을 할인해준다. 그런데《모노클》은 정기구독자에게
이런 혜택을 주지 않는다. 오히려 1년 동안 매달 잡지 한 권을 살 때
보다 1년 정기구독료가 더 비싸다. 가격을 깎아주는 대신 가치 있
는 선물을 주거나《모노클》에서 주최하는 비즈니스 클럽과 정기적

인 이벤트에 초대해준다. 가격보다는 가치를 지향하는《모노클》독자층의 특성을 잘 반영한 판매전략이다.

《모노클》은 현재 10개국에 동시 출간한다. 더 놀라운 것은《모노클》을 출간하지 않는 다른 나라에서도 해외배송료 없이《모노클》을 받을 수 있다는 것이다. 보통 해외 잡지나 단행본을 구입하면 책값보다 배송료가 비싼 경우가 많은데,《모노클》은 과감하게 해외배송료를 없앴다. 나라별로 잡지 가격에 약간의 차이를 두긴 했지만 전 세계 어디서나 비슷한 가격대에 잡지를 사서 내 집에서 받아 볼 수 있다. 이런 장점 때문에 나도 부담 없이《모노클》을 정기구독해 보는 중이다. 2018년 12월 기준으로《모노클》은 정기구독자만도 2만여 명이 넘고, 매달 발행부수가 8만 부를 넘는다. 그야말로 창간 10년 만에 글로벌 잡지로 성장한 것이다.

잡지나 단행본에서 끝나지 않고 영역을 더 확대해 '모노클 숍'과 '모노클 카페'를 만든 것도 주목할 만하다.

모노클 숍에서는《모노클》에 상주하는 디자이너들이 만든 제품과 유명 브랜드들과 콜라보한 제품들을 판다. 유명 브랜드와의 콜라보란 예를 들면 이런 것이다. '여행계의 명품'이라고 불리는 여행용 캐리어 가방 브랜드 리모아가《모노클》상표를 부착한 가방을 판매하는 것이다. 그 상표를 부착한 것만으로도 가방의 가격이 그렇지 않은 것보다 더 비싸지만,《모노클》에 팬심이 있는 사람들이 즐겨 구입한다. 어떤 사람들은 잡지사가 별걸 다 한다고 말하기도 하지만 이처럼 잡지를 중심으로 비즈니스를 다각화한 덕분에《모노클》의 수익구조가 탄탄해졌다는 생각이다.

모노클 숍. 주로 출장할 때 필요한 상품들이 진열되어 있다.

런던의 모노클 카페

《모노클》매거진의 성격만큼이나 모노클 숍에서 파는 상품들의 색깔도 명확하다. 주로 가방, 셔츠, 문구류, 다이어리 등 출장을 갈 때 필요한 상품들이 대부분이다. 영국 출장 갔을 때 모노클 숍에 직접 방문한 적이 있는데, 진열된 상품들이 하나같이 고급스러워 철저하게《모노클》독자층만을 타깃으로 했음을 실감할 수 있었다.

모노클이 운영하는 카페는《모노클》독자들을 위한 커뮤니티와도 같은 공간이다. 카페에서는《모노클》잡지와 단행본,《모노클》이 만든 디자인 상품들도 판매한다.《모노클》이 무엇인지 모르는 사람들은 이곳에서 커피를 마시며 자연스럽게《모노클》을 경험할 수 있는 공간이기도 하다.

모노클 숍은 2008년 런던에 제일 먼저 오픈한 이후 홍콩, 토론토, 도쿄, 싱가포르, 뉴욕에서도 선보인 상태다. 모노클 카페는 2011년 도쿄에 오픈한 이후 2013년 런던에서도 오픈했다. 2015년에는 영국 패딩턴역 근처에 '키오스 카페'를 오픈했는데, 이 카페는《모노클》외에도《모노클》이 엄선한 세계 유명 잡지와 디자인 상품을 함께 판매한다.

매거진《B》처럼《모노클》도 모노클 자체가 이미 하나의 브랜드로 가치를 평가받고 있다.《모노클》은 잡지 브랜드의 힘을 바탕으로 모노클 숍과 카페 등의 오프라인 비즈니스를 성공적으로 안착시켰다. 2017년부터는 부동산 개발사업에도 뛰어들었다. 잡지사가 너무 문어발식 확장을 하는 것처럼 보일 수도 있지만 자세히 들여다보면 이 또한《모노클》의 핵심과 통한다는 것을 알 수 있다.《모노클》이 개발하려는 부동산은 철저하게《모노클》독자층을 겨냥한 고급 주거단지다. 현재 방콕에서 개발 중인데,《모노클》독자들의 라이프 수준을 반영한 디자인을 선보일 것이라고 한다.

비즈니스는 운명적으로 확장이 필요하다. 비즈니스를 확장하는 방법은 여러 가지가 있지만《모노클》처럼 핵심을 해치지 않으면서 서로 밀접하게 연결될 수 있는 분야로 확장하는 것이 가장 바람직하다.

탭퍼블릭,
취향에 따라 골라 먹는
재미에 빠지다

생각해보면 인류의 역사에 술이 빠진 적이 없다. 그 오랜 세월 인류는 술과 함께 희로애락을 나눴다. 술이 곧 삶이고 시대를 반영하는 문화라 해도 과언이 아닐 정도로 술은 우리의 일상에 깊이 녹아 있다.

술은 다분히 개인의 취향을 탄다. 소주나 막걸리를 좋아하는 사람이 있는가 하면 맥주나 와인을 즐기는 사람들도 있다. 하지만 어떤 종류의 술을 마시든 예전처럼 취하기 위해, 오늘 먹고 죽자는 마음으로 마시는 사람들은 확실히 줄었다. 마시고 취하기보다 술의 맛을 충분히 음미하며 즐기는 사람들이 많아졌다.

이런 트렌드를 느낄 수 있는 바가 있다. 수제 맥주를 파는 탭퍼블릭(Tap Public)인데, 60여 가지의 다양한 맥주를 마실 수 있다는 것도 매력적이지만 원하는 맥주를 골라 마시는 방법도 특이하다. 탭퍼블릭은 오픈하자마자 폭발적인 관심을 끌었다. 사람들이 무엇을 원하는지를 제대로 파악하고 술을 문화로 즐길 수 있도록 다양한 장치를 마련했기 때문일 것이다.

술을 문화로 즐기는 사람들을 위한 공간

술은 사람의 마음을 열게 하는 힘이 있다. 그래서 술 자체가 좋아 마시기도 하지만 사람들과 술을 마시면서 평소에는 하지 못했던 진심을 나누기도 한다. 지금도 여전히 사람들은 소통의 수단으로 술을 마신다. 하지만 예전과 같이 과하게 마시고 술김에 속마음을 털어놓는 문화는 많이 사라졌고, 게다가 건강에 대한 관심이 많아지면서 덜 마시고 다른 사람에게도 권하지 않는 쪽으로 분위기가 바뀌었다.

양으로 승부하는 술 문화가 지나간 자리에는 다양한 맛을 즐기는 문화가 자리를 잡는 분위기다. 그런 문화를 재빨리 수용한 것이 '잔술'이다. 술을 마시고는 싶은데 한 병을 다 마시기는 부담스러워

탭퍼블릭 로고

하는 사람들에게 잔술은 참으로 매력적이다. 이미 와인이나 위스키는 잔술이 보편화되어 있고, 일본에서는 맥주를 비롯한 다른 술들도 잔술로 많이 판매한다.

잔술은 사람들이 부담 없이 다양한 종류의 술을 즐길 수 있는 길을 열어주었다. 거기에서 좀 더 발전하여 다양한 맥주를 누군가의 제안이 아닌 내가 직접 골라 마시고 평가하고 싶어 하는 시대가 되었다. 따라서 술과 관련된 비즈니스를 구상 중인 사람이라면 대중의 술 문화가 개인의 취향을 존중하고 분위기를 즐기는 쪽으로 방향이 전환되었다는 사실을 고려해야 한다.

탭퍼블릭의 테라스 공간. 날씨가 좋을 때는 말할 것도 없고, 추운 겨울에도 담요를 뒤집어쓰고 테라스에서 맥주를 즐기는 사람들이 있다.

이런 트렌드를 잘 반영한 곳이 탭퍼블릭이다. 탭퍼블릭에서는 총 60가지의 맥주를 판다. 요즘에는 마트에서 세계 각국의 유명 맥주를 판매하기 때문에 다양하게 맥주를 즐길 수 있지만, 그래도 한 곳에서 60가지나 되는 맥주를 즐길 수 있는 곳은 드물다.

탭퍼블릭은 다양한 맥주만 준비해놓은 것이 아니라 고객들이 그 다양한 맥주를 즐길 수 있도록 하는 시스템도 독특하다. 일단 자리에 앉으면 고무로 된 팔찌 같은 것을 준다. 안에 칩이 내장되어 있어 맥주가 나오는 기계에 대면 원하는 양만큼 맥주를 따라 마실 수 있다. 충분히 즐긴 후 나갈 때 이 팔찌를 직원에게 건네면 계산이 된다.

탭퍼블릭에서 파는 맥주의 종류는 큰 메뉴판에도 소개되어 있지만, 각각의 맥주 기계별로 맥주의 이름과 특징, 가격이 표시되어 있다. 10ml가 기준으로, 적게는 몇 백 원에서 많게는 몇 만 원까지 맥주의 종류만큼이나 가격도 다양하다. 10ml면 아주 적은 양이어서 조금 맛만 보는 것도 가능하다.

확실히 탭퍼블릭은 재미있게 다양한 맥주를 즐길 수 있는 감각적인 공간이다. 술을 마시는 것이 하나의 놀이처럼 색다른 경험을 제공해준다. 이곳에서 사람들은 다른 누구의 평가도 아닌 직접 먹어보고 스스로 평가해보는 만족감을 느낄 수 있다.

다만 안주는 아쉽다. 안주의 종류도 맥주의 종류만큼이나 다양하지만 일본의 '스프링 밸리 브루어리(Spring Valley Brewery)'처럼 각각의 맥주에 어울리는 안주를 페어링해 놓았으면 더 좋았을 것 같다. 맥주는 직접 맛보고 싶더라도 그 많은 안주를 일일이 다 먹어보

60가지 맥주를 정수기에서 물을 따라 마시듯 마실 수 있다. 10ml를 기준으로 가격이 책정되어 있고, 기계에는 맥주에 대한 기본 정보가 적혀 있다.

손목의 팔찌를 대면 탭에서 맥주를 따라 마실 수 있다.

다른 종류의 맥주를 마실 때를 위해 잔을 깨끗하게 씻을 수 있는 세척기를 준비해놓았다. 과다하게 거품이 생기지 않아 맛있게 맥주를 마실 수 있도록 한 섬세한 배려가 돋보인다.

'스프링 밸리 브루어리'에서 파는 잔술. 비어 플라이트 여섯 종류 각각
에 어울리는 안주를 페어링했다.

고 어울리는 안주를 고르기는 쉬운 일이 아니다. 직접 골라 먹는 재
미도 좋지만 '디저트로 마시기 좋은 맥주와 안주', '고기에 어울리
는 맥주'처럼 기본적인 제안 정도는 해주어도 좋지 않을까?

여행 마니아들에게 더 특별한 브루독

맥주를 좋아하는 사람들 중 브루독(Brewdog)을 모르는 사람은 아마도 없을 것이다. 브루독은 2007년 스코틀랜드 애버딘에서 제임스 와트와 마틴 디키 두 명이 만든 크래프트 비어 회사다. 크래프트 비어란 소규모 양조장에서 다양한 제조법으로 정성껏 만든 수제 맥주를 의미한다. 두 명의 창업자는 지루하고 맛없는 맥주에 지

쳐 직접 맛있는 맥주를 만들기 위해 회사를 차렸다고 한다.

제임스 와트와 마틴 디키는 결심했던 대로 정말 맛있는 맥주를 만드는 데 성공했다. 브루독이 만든 대표적인 맥주인 '펑크 IPA'는 전 세계 맥주 애호가들의 압도적인 사랑을 받는다. 우리나라에서도 수입 맥주 중 약 절반을 펑크 IPA가 차지할 정도로 인기가 대단하다.

나도 브루독 맥주를 좋아한다. 영국 출장을 갔을 때 일부러 시간

영국에 있는 브루독(왼쪽)과 이태원에 있는 브루독(오른쪽)

을 내서 브루독 펍에 들른 적이 있었는데, 맥주도 좋았지만 공간을
너무 재미있게 꾸며 마치 펍에서 술을 마시는 것이 아니라 여행을
하는 듯한 착각에 빠졌다. 메뉴판부터 여행의 느낌이 물씬 풍겼다.
마치 공항에서 비행기의 출발과 도착을 알려주는 전광판처럼 생겨
서 메뉴판을 보고 있으면 곧 비행기를 타고 어디론가 떠나야 할 것
같은 기분이 든다. 맥주 종류별로 그 맥주의 맛을 가장 잘 살릴 수
있는 잔을 마련한 것도 마음에 들었다.

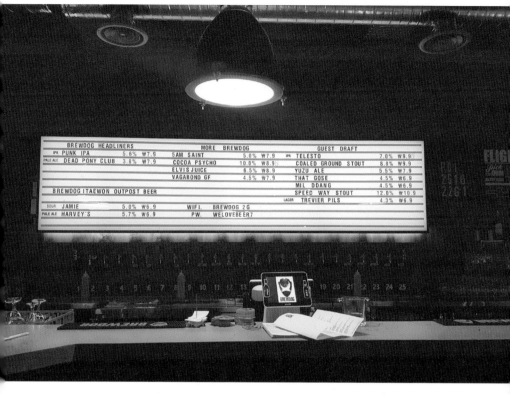

BREWDOG HEADLINERS			MORE BREWDOG			GUEST DRAFT		
IPA PUNK IPA	5.6%	W7.9	5AM SAINT	5.0%	W7.9	IPA TELESTO	7.0%	W9.9
PALE ALE DEAD PONY CLUB	3.8%	W7.9	COCOA PSYCHO	10.0%	W8.9	COALED GROUND STOUT	8.8%	W9.9
			ELVIS JUICE	6.5%	W8.9	YUZU ALE	5.5%	W7.9
			VAGABOND GF	4.5%	W7.9	THAT GOSE	4.5%	W6.9
						MIL DDANG	4.5%	W6.9
BREWDOG ITAEWON OUTPOST BEER						SPEED WAY STOUT	12.0%	W10.9
						LAGER TREVIER PILS	4.3%	W6.9
SOUR JAMIE	5.0%	W6.9	WIFI.	BREWDOG 2G				
PALE ALE HARVEY'S	5.7%	W6.9	PW.	WELOVEBEER7				

브루독 메뉴판은 모두 공항 전광판 같은 모양으로 통일되어 있다.
왼쪽 사진은 미국 콜럼버스에 있는 브루독의 메뉴판, 오른쪽은
이태원 브루독의 메뉴판이다.

　　메뉴판을 보면서 맥주를 주문해도 좋지만 그동안 먹어보지 못한
맥주를 경험해보고 싶으면 샘플러를 주문하면 된다. 네 가지 종류
의 맥주를 잔술로 제공해 조금씩 맛을 보고 시킬 수 있다. 당시 함
께 출장 갔던 분이랑 브루독에서 즐거운 시간을 보냈는데, 바처럼
생긴 테이블에서 혼자 조용히 맥주를 마시는 사람들도 있었다. 혼
자서 즐기기에도 좋고 여럿이 함께 맥주를 마시기에도 좋은, 카멜
레온 같은 변화와 재미가 있는 펍이었다.

반갑게도 2018년 8월 이태원에 브루독이 생겼다. 영국 브루독이 직접 운영하는 직영점인데, 브루독이 아시아에 직영점을 낸 것은 이태원점이 처음이라고 한다. 이태원에 생긴 브루독은 탭퍼블릭과는 다른 차원에서 최신 술 문화를 보여준다.

전체적으로 이태원 브루독은 영국의 브루독을 성실하게 재현한 느낌을 준다. 브루독 로고는 당연히 같지만 매장의 분위기도 비슷하다. 메뉴판은 색깔이나 구성은 약간 달라도 모두 공항 전광판을 떠올리게 하는 모습이다.

브루독은 직접 맥주를 만들 수 있는 양조장을 두고 있다. 이태원점도 예외는 아니다. 매장 안쪽에 들어가면 커다란 양조장이 눈에 띄는데, 여기서 펑크 IPA를 비롯한 브루독 대표 맥주를 만드는 것은 아니라고 한다. 한국의 특성을 살린 로컬 크래프트 맥주를 만들기 위한 양조장이다.

브루독 맥주는 영국에서 직접 수입한다. 영국에서 한국까지 적절한 냉장 온도를 유지하며 배송하는 콜드체인 시스템을 이용해 생맥주의 풍미가 그대로 유지된다. 생맥주의 종류는 약 25개. 그중에는 브루독 맥주가 아닌 어메이징 맥주도 꽤 있다. 브루독 이태원 매장이 브루독과 어메이징 브루닝 컴퍼니가 손을 잡고 연 매장이기 때문이다.

맥주 가짓수만 보면 탭퍼블릭에 미치지 못한다. 하지만 세계인들이 검증한 맛있는 맥주라는 점에서 브루독에 가야 할 이유는 충분하다. 또한 맛있는 맥주만큼이나 공간에 재미있는 요소가 많다. 계단처럼 생긴 공간도 있고, 서서 마실 수 있는 공간도 있으며, 룸은 아니지만 조금은 은밀하게 맥주를 마실 수 있는 공간도 있다.

이태원 브루독에 있는 맥주
양조장 모습. 영국 브루독과
마찬가지로, 이태원점에서
도 직접 만들어 제공하는 맥
주가 있다.

스탠딩 테이블, 바 테이블
등 브루독은 맥주를 마시는
공간도 다채롭다.

매장을 들어서면 브루독이
반겨준다.

생맥주뿐만 아니라 다양한
병맥주도 준비되어 있다.

다채로운 공간에서 다양한 맛을 즐길 수 있는 브루독 역시 탭퍼 블릭 못지않게 새로운 술 문화를 주도하는 곳이 분명하다.

PART 5
제안

;

다양한
라이프 스타일을
제안하다

요즘 사람들이 좋아하는 공간에는 공통점이 있다. 걸어 다닐 수 있는 정도의 거리에 먹고, 마시고, 보고, 즐길 수 있는 다양한 라이프 스타일이 공존한다는 것이다. 주거지도 마찬가지다. 집 자체도 살기에 좋아야 하지만 집 가까이에 다양한 라이프 스타일을 즐길 수 있는 곳들이 많아야 한다. 멀리 가지 않아도 현관문을 나서면 카페도 갈 수 있고, 서점에서 책을 보거나 다양한 문화를 접할 수 있고, 맛있는 식사를 할 수 있는 곳들을 선호한다. **한마디로 모든 라이프 스타일**(Everything in Life Style)**이 가능한 곳이 인기를 끌고 있다.**

'Everything in Life Style'을 구현한 곳 중 하나가 한남동이다. 한남동에서도 '사운즈한남'과 '디뮤지엄'이 대표적이다. 둘 다 라이프 스타일의 모든 것을 멋지게 구현했지만, 구현 방식은 차이가 있다.

사운즈한남은 무에서 유를 창조하는 방식으로 라이프 스타일의 모든 것을 구현했다. 아무것도 없던 공간에 라이프 스타일의 모든 것을 치밀하게 설계하고 만들어냈다. 사운즈한남은 그리 크지 않은 공간에 필요한 모든 것을 넣었다. 1~2인에 최적화된 주거공간도 있고, 편하게 먹을 수 있는 음식점과 품격 있는 식사를 즐길 수 있는 고급 음식점도 있다. 카페, 서점, 갤러리, 편의점, 가볍게 와인을 즐길 수 있는 바, 환상적인 오디오를 경험할 수 있는 뮤직 라운지까지 없는 게 없다. 번잡하지 않으면서도 꼭 있어야 할 라이프 스타일을 모두 갖춘 곳이어서 사운즈한남을 찾는 사람들의 발길이 끊이지 않는 듯하다.

디뮤지엄은 사운즈한남과는 달리 원래 있던 환경을 최대한 활용했다. 디뮤지엄은 한남더힐 앞에 있다. 한남더힐을 직접 짓지는 않았지만 한남더힐 앞에 자리를 잡고, 주변에 있던 건물들을 매입해 다양한 라이프를 녹인 상업시설로 변화시켰다. 디뮤지엄을 중심으로 골목 사이사이에 형성된 상권이 바로 한남 리플레이스다. 기존의 주변 건물들과 잘 소통하며 훌륭하게 라이프 스타일의 모든 것을 구현했다는 점은 사업가 입장에서 주목해야 할 대목이기도 하다.

구현 방식의 차이 외에도 사운즈한남과 디뮤지엄은 주력하는 라이프 스타일이 조금 다르다. 사운즈한남에는 기존 서점과는 성격부터 다른 스틸북스가 있다. 존재하는 모든 책을 진열하는 대신 주제별·분야별로 엄선한 책들만 전시하는 서점이다. 꼭 필요한 라이프만을 구현한 사운즈한남을 대표하는 서점답다.

사운즈한남에 스틸북스가 있다면 디뮤지엄은 두말할 것도 없이 디뮤지엄이 중심이다. 디뮤지엄만으로도 충분히 미술을 즐길 수 있는데, 디뮤지엄 가까이에 프린트 베이커리까지 있다. 덕분에 디뮤지엄과 한남 리플레이스에서는 모든 라이프 스타일 중에서도 특히 미술을 가깝게 접하고 즐기는 라이프가 빛난다.

이처럼 사운즈한남과 디뮤지엄은 비슷하면서도 또 많이 다르다. 한남동에 가서 직접 사운즈한남과 디뮤지엄을 비교하면서 보면 차이가 더 잘 보일 것이다. 차이에 옳고 그름은 없다. 똑같은 비즈니스라도 길은 하나가 아니고, 어떤 길이 정답이라고 말할 수 없다. 각자의 철학과 조건에 따라 최적의 길을 선택하면 된다.

사운즈한남,
Everything in Life Style

한남동 비즈니스 트립을 할 때 가장 많은 사람이 감탄하며 인사이트를 얻고, 자기 비즈니스를 재정의하게 만드는 곳이 사운즈한남(Sounds Hannam)이다. 나도 사운즈한남을 둘러보면서 수없이 비즈니스를 재정의했다. 공간을 구성하는 방식부터 공간을 채운 콘텐츠까지 모두 예사롭지 않다. 그 특별함을 접하면 자기도 모르게 익숙해져 있던 방식과 생각에서 벗어나 새로운 생각을 하게 된다.

사운즈한남은 그리 넓지 않은 공간임에도 한번 들어가면 꽤 많은 시간이 금방 지나간다. 아기자기하게 볼거리가 많기도 하지만 마치 도심 속의 정원처럼 편안한 느낌을 주기 때문이다. 사운즈한남 밖이 차와 사람들이 북적이는 거리라는 것이 믿어지지 않을 정도로 평온하다. 그래서 사운즈한남 안에 머물다 보면 더 머물고 싶은 생각이 들고, 결국에는 이곳에서 살고 싶다는 생각을 하게 된다.

요즘에는 사운즈한남 외에도 훌륭한 복합문화공간들이 많이 있다. 그중에는 사운즈한남보다 더 다양한 콘텐츠를 갖춘 복합문화공간들도 있지만 살고 싶은 마음을 불러일으키는 공간은 사운즈한남이 유일한 것 같다. 왜 사람들이 사운즈한남에 살고 싶어 할까? 그 이유를 고민하다 보면 자연스럽게 요즘 사람들이 원하는 라이프 스타일을 모두 알 수 있다.

다양한 라이프 스타일을 심플하게 즐기다

요즘에는 아파트보다 주상복합이 인기가 많다. 굳이 멀리 나가지 않아도 엘리베이터를 타고 내려오기만 하면 식사는 물론 운동, 쇼핑, 문화생활을 한 건물에서 다 할 수 있는 수직도시이기 때문이다. 주거와 문화가 결합된 공간을 선호하는 사람들이 늘어나면서 아파트도 점점 복합문화공간을 중요시하는 분위기다.

사운즈한남은 크게 주거, 오피스, 리테일, 공용시스템 네 가지 유닛으로 구성되어 있다. 일하고, 쉬고, 먹고, 즐기고, 심지어 문화생활까지 모든 것이 가능한 공간이다. 외부에서 잠깐 놀러 와 즐기기에도 좋은 공간이지만 사운즈한남은 거주자 입장에서 볼 때 더 매력적이다. 주거환경이 마치 호텔처럼 편안하고 프라이버시를 보호받을 수 있다. 또한 생활에 필요한 각종 편의시설과 작은 정원이 있어 사는 데 불편함이 없다.

사운즈한남의 모든 공간은 고급스러우면서도 번잡스럽지 않다. 특히 리테일 공간은 분야별로 딱 필요한 정도로만 채워져 있다. 카페 하나, 음식점 두 개, 서점 하나, 갤러리 하나, 뮤직 라운지 하나, 쇼핑할 수 있는 매장 몇 개가 전부다. 복합문화공간이라 하기에는 너무 종류가 얼마 안 된다고 생각할 수도 있지만 오히려 선택의 폭이 넓지 않아 좋아하는 사람들이 많다.

예를 들어 음식점은 퓨전 한식당인 '일호식'과 캐주얼 다이닝 레스토랑인 '세컨드 키친'이 전부지만 일호식의 경우 메뉴가 다양해 매일 먹어도 질리지 않는다. 또한 바처럼 주방을 보고 앉을 수 있는 자리가 있어 사운즈한남 맨션 원룸에 사는 사람들이 혼자 내려와도 편안하게 식사할 수 있다. 평소에는 일호식에서 식사하고, 격식 있게 식사를 대접해야 할 때는 세컨드 키친을 이용하면 된다. 일호식도 귀찮고 더 간단하게 식사하고 싶다면 이마트24 편의점을 이용해도 충분하다.

식사 후 차 한잔 마시고 싶다면 디저트 카페인 '콰르텟'을 이용하면 된다. 콰르텟은 베이커리도 함께 판다. 빵은 종류가 그리 많지는 않지만 맛있고, 샌드위치도 있어 한 끼 식사를 이곳에서 할 수도 있다.

최근에는 지하에 아이들이 동화책을 읽을 수 있는 북키즈카페인 '스틸로'가 오픈했다. 아이들의 눈높이에 맞춰 책을 진열하고, 편하게 앉아 책을 읽을 수 있는 공간들이 많다. 엄선된 동화책들이 상당히 많은데, 책만 많은 것이 아니라 아이들에게 동화책을 읽어주는 서비스를 제공하고, 그림을 그리고 무언가를 만들 수 있는 공간까지 있다. 하루 종일 머물러도 지루하지 않을 공간이다.

패션과 뷰티와 관련된 매장도 있다. 입구에 들어서면 바로 왼쪽에 붉은 벽돌로 된 건물이 있는데, 이 건물이 '이솝'이다. 한국의 전통 가마에서 영감을 얻어 따뜻한 느낌을 연출하고자 붉은 벽돌을 사용했다고 한다. 이솝 외에도 아이웨어 편집숍인 '오르오르'도 있다.

와인을 마시거나 음악을 들을 수 있는 공간도 매력적이다. 스틸북스가 있는 건물 맨 꼭대기 층인 5층에 가면 와인바인 '라스트 페이지'와 음악을 들을 수 있는 '오르페오'가 있다. 와인바 라스트 페이지는 비교적 저렴한 와인부터 상당히 고가인 빈티지 와인까지

퓨전 한식당 '일호식'

캐주얼 다이닝 레스토랑
'세컨드 키친'

사운즈한남에 있는 갤러리. 규모는 아주 작다.

지하 1층에 있는 어린이 도서관 '스틸로'. 아이들의 눈높이에 맞춰
책을 진열하고, 편하게 앉아 책을 읽을 수 있는 공간들이 많다.

다양한 와인을 준비해놓았다. 내부 인테리어가 아주 심플한 편인데, 번잡하지 않게 분위기 있는 곳에서 와인 한잔 하고 싶을 때 찾을 만한 바다.

오르페오는 하이엔드 오디오 유통 브랜드인 '오드(ODE)'에서 운영하는 뮤직 라운지다. 세계 최고 수준의 오디오 시스템과 영상 시스템을 구비해 그 어느 곳에서도 경험할 수 없었던 환상적인 소리에 취할 수 있는 공간이다.

다양한 라이프 스타일이 공존하는 공간답게 사운즈한남은 기존의 복합문화공간과는 다른 방식으로 공간을 설계했다. 일반적으로 복합문화공간은 전체가 하나의 건물로, 입구가 하나다. 들어가면 건물 안에 1층, 2층, 3층으로 구분된다. 그런데 사운즈한남은 라이프 스타일별로 건물도 다르고, 입구도 다르다. 주거지로 올라가는 문 따로 있고, 음식점으로 들어가는 문 따로 있고, 서점 입구, 갤러리 입구가 다 다르다.

건물의 입구는 곧 다른 라이프 스타일을 경험할 수 있는 통로나 마찬가지다. 다른 라이프 스타일을 경험하기 위해서는 들어갔던 입구를 나와 또 다른 입구로 들어가야 하는 구조가 색다르면서도 재미있다.

사운즈한남에는 작지만 정원도 있다. 하늘도 보이고, 앉아 있으면 마치 자연 속에 있는 듯한 느낌이 들어 날씨가 좋을 때는 건물 안보다 밖에서 차를 마시며 이야기를 나누는 이들이 많다. 혼자 조용히 사색하면서 책을 읽기에도 좋은 곳이다.

이처럼 사운즈한남은 번잡하지 않게 다양한 라이프 스타일을 즐

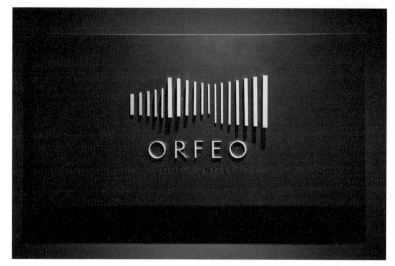

오르페오 뮤직 라운지. 사운드 씨어터 '오르페오'는 사운드 플랫폼 '오드'가 운영하는 공간 중 하나로 30석 규모의 프라이빗 상영시설을 갖추었다. 뮤직 콘텐츠 전문 씨어터답게 사운드 엔지니어들에 의해 설계됐고, 세계 최고의 하이엔드 오디오 시스템 '스타인웨이 링돌프'와 영상 시스템을 통해 생생한 현장감을 선사한다.

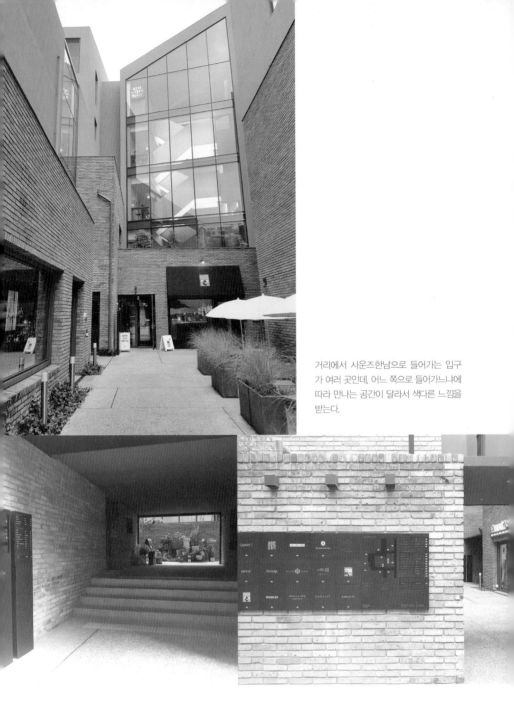

거리에서 사운즈한남으로 들어가는 입구가 여러 곳인데, 어느 쪽으로 들어가느냐에 따라 만나는 공간이 달라서 색다른 느낌을 받는다.

건물과 건물 사이에는 휴식을 취할 수 있는 작은 정원들이 있다.

길 수 있는 곳이다. 그래서 사운즈한남이 아주 대단하고 거창한 복합쇼핑몰이나 복합문화공간이 아님에도 점점 더 많은 사람들이 찾고, 직접 사운즈한남을 본 사람들은 살고 싶어 하는 것이 아닐까? 이것이 도심의 편리함과 청아한 자연을 접목한 공간 설계를 주목해야 하는 이유다.

소유와 공유가 어우러진 라이프 스타일

음식점, 서점, 갤러리 등의 리테일 공간은 누구나 쉽게 들어갈 수 있는 공간이다. 그래서 이곳에 대한 정보와 후기는 인터넷에 차고 넘친다. 하지만 주거와 오피스 공간은 누구에게나 열려 있지 않기 때문에 미지의 공간처럼 남아 있다.

개인적으로 주거와 오피스 공간에 관심을 갖고 입주할 수 있는 방법을 알아본 적이 있다. 이런 공간이라면 일을 하기도 좋을 것 같았다. 일하다 생각이 막히면 서점에서 책을 볼 수도 있고, 카페에서 차를 마시며 쉴 수도 있고, 건물과 건물 사이에 생긴 골목길을 걸으면서 재충전을 할 수도 있으니 최적의 환경이란 생각이 들었다.

하지만 오피스 공간은 사운즈의 기획·설계·운영을 맡은 제이오에이치 HQ가 이미 입주해 있어 주거공간을 알아보았다. 사운즈한남의 주거공간은 '사운즈 스위트(Sounds Suite)'라 불리는데, 집이 아니라 호텔 같은 느낌이다.

실제로 사운즈한남을 만든 제이오에이치는 주거공간을 만들 때 집의 안락함과 호텔의 로맨틱한 요소를 결합시켰다. 일반 주택과 호텔의 가장 큰 차이는 침실과 욕실일 것이다. 깨끗하고 빳빳한 시트의 촉감과 세련된 욕실은 호텔의 품격을 대변하는 중요한 요소다. 그래서 사운즈한남은 화장실에 공을 들였다. 호텔에서나 볼 수 있을 법한 고급스러운 수도꼭지와 은은한 조명으로 호텔 같은 화장실을 연출했다.

사운즈한남의 주거공간에는 가장 사적이면서 은밀한 공간인 침실과 욕실만 있다. 하지만 사운즈한남에 다양한 라이프 스타일을 즐길 수 있는 공간들이 있어 생활하는 데 전혀 문제가 없다. 스틸 북스 서점은 서재처럼, 갤러리는 거실로, 음악과 영화를 즐길 수 있는 오르페오는 가족 오락실로, 음식점은 주방으로, 그리고 정원은 마당처럼 이용하면 된다. 그래서 사운즈한남을 어반 리조트라고도 부른다.

현대인들은 외로워서 적당히 사람들과 어울려야 하지만 한편으로는 자기만의 시간이 필요하다. 그런 면에서 사운즈한남은 최적의 주거공간일 수 있다. 집 안에 있을 때는 철저하게 프라이버시를 존중받고, 집 밖으로 나가면 바로 사람들과 섞여 다양한 라이프 스타일을 경험할 수 있기 때문이다. 소유해야 하는 공간과 공유해도 좋을 공간을 함께 연결하여 '라이프 스타일의 모든 것(Everything in Life Style)'을 구현한 것이다.

사운즈 한남의 주거공간은 100평 한 채를 제외하곤 모두 1~2인용이다. 10~20평대의 작은 공간이지만 효율적으로 가구를 빌트인하고, 원룸이지만 자는 공간과 책 보는 공간, 식사하는 공간을 잘 분리해 공간 활용도를 높였다. 또한 천장이 일반 아파트보다 1.5배가량 높아 공간이 더욱 넉넉하고 개방된 느낌을 준다.

마음에 꼭 들어 임대료를 알아보았는데 만만치 않았다. 월세가 원룸이 기본 200만 원에서, 관리비 포함 300만 원에 달했다. 한남동의 부동산 시세를 모르는 분들은 터무니없이 비싸다고 생각할수도 있을 만한 가격이다. 하지만 한남동에는 대사관이 많아 그 정도 월세를 감당할 수 있는 주재원들이 많이 산다. 실제로 주거공간인 사운즈 스위트에는 빈집이 없었다. 값은 비싸도 별도의 가구를 들일 필요 없이 바로 살 수 있을 정도로 기본적인 가구가 빌트인 되어 있고, 쓰레기 수거가 편하고, 홈 클리닝 서비스, 세탁 서비스, 식사 룸서비스 등이 가능해 인기가 많다.

사람들은 아무리 돈이 많아도 가치 없는 것에 마구 돈을 쓰지는 않는다. 반대로 월세가 비싸도 그만큼을 지불하고 얻을 수 있는 것이 많다면 기꺼이 지갑을 연다. 그것이 주거공간이든 상업공간이든 다 마찬가지다. 주거공간이 비싼 만큼 상업공간 임대료도 만만치 않은데, 그럼에도 이솝, 오르오르, 콰르텟 등 색깔 있는 브랜드들로 꽉 차 있다. 제이오에이치가 운영하는 브랜드가 아닌 타 브랜드의 경우 임대료는 비싸지만 사운즈한남에 있을 때 얻을 수 있는 무형의 가치가 크다고 판단했을 것이다.

요즘에는 무조건 건물만 지어서는 안 된다. 사운즈한남처럼 라이프 스타일을 한 번에 실현 가능하고 콘텐츠가 있어야 한다. 타깃층을 명확히 설정하고 그 타깃층이 좋아할 만한 콘텐츠를 적절하게 넣어야 임대가 잘된다. **명확한 콘셉트가 있고, 적절한 콘텐츠가 있으면 그 건물은 단순한 공간이 아닌 브랜드가 된다.**

부동산 건물은 오래되면 건물 가치는 거의 없어지고 땅값만 남지만, 건물이 브랜드가 되면 다르다. 건물이 낡아도 브랜드로서의 가치는 시간이 지날수록 더 높아지고, 그 건물에 입점하고 싶은 브랜드들이 줄을 설 것이다.

사운즈한남은 이미 브랜드로 성장하고 있는 것으로 보인다. 한 공간이 브랜드화되면 주변에 좋은 영향을 미친다. 사운즈한남이 생기고 나서 주변 부동산 가격이 다 오르고 상권이 활성화되었다고 한다. 다른 지역에 제2, 제3의 사운즈한남이 생겨나면 한남동에서 그랬던 것처럼 긍정적인 비즈니스 순환이 이루어질 것으로 기대된다.

스틸북스,
새로운 서점 스타일을
선보이다

나는 책을 사고 싶을 때 오프라인 서점을 가는 편이다. 물론 온라인 서점에서도 얼마든지 책을 살 수 있다. 요즘에는 오전에 주문하면 바로 그날 책을 받을 수도 있으니 단지 필요한 책을 사는 것이라면 굳이 오프라인 서점에 가지 않아도 된다.

하지만 나에게 있어 서점은 단순히 책을 사는 곳이 아니다. 특별히 보고 싶은 책이 없어도 책 구경을 하다 보면 읽고 싶은 책이 눈에 띄기도 하고, 무엇보다 새로운 아이디어를 얻는 데 서점만 한 곳도 드물어 시간이 날 때마다 들르려 노력한다.

서점을 좋아하는 나에게 특별하게 포착된 곳이 스틸북스(Still Books)다. 스틸북스는 사운즈한남 안에 있는 서점이다. 스틸북스를 처음 본 순간 나는 한줄기 작은 빛을 본 느낌이었다. 서점이라도 다 기존의 대형서점 같을 필요는 없다는 것을 스틸북스를 통해 확인했다. 오히려 스틸북스를 통해 새로운 서점의 가능성을 볼 수 있어 가슴이 뛰었다.

STILL
BOOKS

STILL WE LOVE BOOKS

BOOKS
OBJECTS
CULTURE
PEOPLE

사운즈한남 안에 있는 스틸북스 입구. 마치 카페처럼
입구가 예쁘다.

1층에 들어서면 매거진 《B》가 벽면 하나에 가득하다.

꼭 필요한 책만 골라 스틸북스만의 기준으로 분류하다

스틸북스 문을 열고 들어가면 왼쪽 벽면을 가득 채우고 있는 매거진 《B》가 눈에 들어온다. 다른 오프라인 서점과 온라인 서점에서도 매거진 《B》를 팔지만 스틸북스처럼 창간호부터 최근 호까지 전권을 눈에 잘 띄게 비치해놓고 파는 서점은 내 기억엔 없다.

1층에는 매거진 《B》 외에도 다양한 세계 잡지들이 있다. 대부분 《모노클》,《와이어드》,《카사》,《밀크》 등 매거진 《B》만큼이나 성격이 분명한 잡지들이다. 《모노클》처럼 이미 유명세를 탄 잡지도 있

1층에는 여러 가지 주제에 맞게 다양한 매대가 꾸며져 있다.

지만 생전 처음 보는 낯선 잡지들도 많다. 다른 서점에서는 쉽게 볼 수 없는 세계 잡지들을 보면서 막연했던 스틸북스에 대한 기대감은 한층 더 올라가게 된다.

스틸북스는 책을 고르고 분류하는 기준이 남다르다. 1층 잡지 코너를 구경하고 2층으로 올라가는 계단 길목에는 작은 평대가 있는데, 매달 하나의 테마를 정해 관련 책과 물건 등을 전시하는 곳이다. 매월 바뀌는 테마는 마냥 가볍지만은 않다. 사람들이 관심을 많이 갖는 테마보다는 '쓰레기', '낭비의 시대'처럼 우리 모두 한 번쯤 진지하게 생각해보거나 관심을 가져야 할 테마에 집중하는 느낌이다.

1층 잡지 코너를 지나 2층으로 올라가면 그때부터 본격적으로 단행본의 세계를 만날 수 있다. 2층에 올라간 사람들은 대부분 생각보다 넓은 공간을 마주한다. 기존 대형서점들은 공간 가득 책이 빽빽해 보기도 전에 숨이 막히는 느낌이라면 스틸북스는 공간이 넉넉하니 마음까지 여유로워지는 느낌이다. 개인적으로는 스틸북스에 가면 왠지 한 권 한 권 시간을 두고 천천히 읽고 싶은 마음이 절로 생긴다. 넉넉한 공간이 주는 마법 같다.

스틸북스의 공간은 대형서점보다는 작지만 요즘 뜨는 독립서점보다는 큰 편이다. 하지만 스틸북스의 공간이 넉넉한 느낌을 주는 것은 큐레이션 때문이라 생각한다. 스틸북스는 존재하는 모든 책을 전시하려 애쓰지 않는다. 층별로 2층은 일과 생활, 3층은 예술과 디자인, 4층은 사람과 사유와 같이 큰 주제를 정하고 해당 주제에 어울리는 좋은 책들만 엄선해 전시한다.

각 층마다 있는 '스틸 페이버릿'. 큐레이터가 엄선한 추천도서로, 짧막한 소개글과 인용문 덕분에 어떤 책인지를 알아볼 수 있다. 소개글을 보면 관심이 없던 책도 사게 되는 효과가 있다.

계단 올라가는 사이에 책을 읽을 수 있는 공간이 있다. 스틸북스에는
이처럼 책을 편하게 읽을 수 있는 공간이 많다.

각 층 입구에는 '스틸 페이버릿'이라는 서가가 있다. 얼핏 보면 베스트셀러를 소개하는 코너처럼 보이지만 스틸북스가 추천하는 도서다. 어떤 기준으로 추천도서를 선정하는가는 알 수 없지만 큐레이터가 심사숙고한 끝에 엄선한 책이라 믿는다. 추천도서는 정기적으로 바뀌며 한 번에 15권씩 소개하는데, 책마다 어떤 책인지를 알 수 있게 해주는 짤막한 카피와 인용문구를 꽂아둔 모습이 인상적이다.

스틸북스의 큐레이션은 층별로 책을 분류하고 진열하는 데서도 확인할 수 있다. 층마다 약 10개 남짓의 평대가 있는데, 각각의 평대 역시 정기적으로 주제와 메시지를 바꾸며 큐레이션한 책을 진열한다. 그냥 진열해놓는 것이 아니라 어떤 책들을 큐레이션했는지 POP를 만들어 소개한다. '다시 읽어도 좋은 책', '식물을 보다 가까이', '당신이 찾는 서체가 있습니다' 등 각 층의 큰 주제와 맥락을 같이하는 주제를 선정해 관련 책을 전시한다.

일반 서점에서도 평대에 놓은 책들은 눈에 잘 들어온다. 눈에 띄는 만큼 판매도 비례하는 편이어서 늘 출판사들이 평대를 선점하기 위해 전쟁을 치른다. 평대에 놓인 것만으로도 눈에 띄는데, 스틸북스는 평대에서조차 책 한 권 한 권이 눈에 들어올 수 있도록 진열했다. 평대뿐만 아니라 서가에 놓인 책들도 눈에 잘 들어온다.

보통 최대한 많은 책을 꽂으려면 책등이 보이게 꽂아야 한다. 하지만 스틸북스는 서가에서도 책 앞면이 보이도록 배치했다. 물론 서가의 모든 책이 그런 것은 아니지만 자칫 묻히기 쉬운 책들을 배려한 흔적이 엿보인다.

모든 책이 아닌 엄선한 책만을 소개하는 것은 스틸북스를 다른 서점과 다르게 만드는 중요한 '차이'다. 서점은 최대한 많은 책을 품고 있어야 한다고 생각한다면 스틸북스와 같은 변화를 시도하긴 어렵다. 서점을 찾는 사람들의 마음을 파고들어 책의 배치와 공간 설정을 할 수 있어야 한다.

다만 큐레이션한 결과에 대해서는 이견이 있을 수 있다. 실제로 어떤 사람은 스틸북스의 큐레이션에 만족스러워하고, 어떤 사람은 실망감을 드러낸다. 사람마다 선호하는 책이 다르기 때문에 어느 정도 어쩔 수 없는 부분이기는 하지만 큐레이션에 신중을 기해야 할 필요는 있다. 모든 독자들을 만족시킬 수는 없지만 적어도 스틸 북스의 큐레이션을 믿고 좋아하는 확실한 독자층이 있어야 한다. 다른 서점과는 다른 기준으로 좋은 책들을 선정하려는 노력을 게 을리하면 큐레이션을 하는 의미가 없어 보인다.

라이프 스타일 제안? 스틸북스의 시도는 현재진행형

스틸북스는 책만 파는 서점은 아니다. 책을 구경하다 보면 간간 이 생활용품들이 눈에 띈다. 다 그런 것은 아니지만 대부분 해당 층의 주제 혹은 평대 주제에 맞는 상품들을 배치하려 애쓴 흔적 이 보인다. 예를 들어 일을 주제로 한 평대에 간이 책꽂이와 책 받 침대, 문구류 등을 책과 함께 진열하는 방식으로 책과의 연계성을 살렸다.

이런 모습을 보고 어떤 사람들은 일본의 츠타야 서점을 연상하

책과 관련된 상품을 함께 진열해놓았다. 사진은 《러시아 기행》이라는 책 옆에 비치해놓은 여행용 화장품 세트. 스틸북스 내에 비치된 상품들은 모두 책과 연관되어 있으며, 디자인이 예쁘고 심플하다.

스틸북스와 매거진 《B》 로고가 있는 굿즈 상품들과 에코백

기도 한다. 책과 라이프 스타일을 연계하려 한 점은 츠타야 서점과 비슷하지만 츠타야 서점이 라이프 스타일을 제안하는 곳이라면 스틸북스는 책에 집중하는 서점에 가깝다. 라이프 스타일을 연계하려는 시도는 엿보이지만 충분하지 않다. 책을 통해 필요한 생활용품을 자연스럽게 구매하기보다는 독특한 디자인에 매료돼 사게 되는 경우가 더 많은 듯하다.

스틸북스와 매거진 《B》 굿즈도 눈길을 끈다. 매거진 《B》는 말할 것도 없고 스틸북스의 인기가 높아지면서 관련 굿즈를 찾는 사람들도 느는 추세지만, 좀 더 굿즈의 종류가 다양했으면 하는 아쉬움이 남는다.

국내외를 막론하고 요즘 서점은 책만 파는 곳이 아니라 다양한 문화를 접하고, 라이프 스타일을 공유하며, 휴식을 취할 수 있는 공간으로 변하는 추세다. 스틸북스의 공간 배치를 보면 스틸북스 역시 사람들이 편안하게 머물면서 책을 볼 수 있는 공간을 만들고 싶었던 것 같다. 또한 주기적으로 저자와의 강연을 기획하는 등 스틸북스를 문화공간으로 발전시키려고 노력하는 중이다. 스틸북스의 시도는 현재진행형이다.

메종 애슐린에 가면 만날 수 있는 것

스틸북스처럼 자기만의 기준으로 책을 선별해 판매하는 서점들이 늘고 있다. 해외도 마찬가지인데, 가장 강렬한 인상을 남긴 서점이 메종 애슐린(Maison Assouline)이다. 메종 애슐린은 프랑스의 아트북 출판사인 애슐린에서 운영하는 서점인데, 커피와 술을 마시면서 책을 볼 수 있는 멋진 공간이다. 뉴욕, 런던, 파리, 베니스 등 전 세계에 15개 매장을 두고 있는데, 내가 둘러본 곳은 영국 런던에 있는 메종 애슐린이었다.

메종 애슐린에서 볼 수 있는 책은 책이라기보다는 예술작품 같다. 샤넬, 크리스찬 디올, 루이비통, 발렌티노 등 유명 브랜드를 풀어놓은 책들은 그 자체가 완벽한 명품처럼 고급스럽다. 책 크기도 일반 책에 비해 상당히 큰 편이고, 표지는 하드커버만으로도 모자라 케이스까지 있는 책들이 대부분이다.

보는 책마다 감탄을 자아냈다. 텍스트보다는 사진 중심인 데다 디자인 편집이 아름다워 눈으로 보는 것만으로도 황홀했다. 케이스도 독특했다. 바비 브랜드를 다룬 책의 케이스는 바비 인형을 파는 케이스처럼 생겼고, 와인을 소개한 책 케이스는 와인 상자를 여는 것처럼 열게 되어 있었다.

책값은 만만치 않다. 워낙 좋은 종이를 쓰고, 디자인에 신경을 많이 쓴 책이기도 하지만 메종 에슐린에서 파는 책들은 모두 레어북(희귀 도서)이어서 책값이 80만 원에서 100만 원 수준이다. 입이 떡 벌어질 정도로 비싸지만 다 팔리면 더 이상 살 수 없는 책들이다 보니 현장에서 보고 구입하는 사람들이 있다.

비싼 책이지만 사지 않아도 자유롭게 볼 수는 있다. 보기만 해도 전혀 눈치를 주지 않는다. 오히려 서점 직원에게 부탁하면 높은 곳에 있는 책도 친절하게 꺼내주고, 책에 대한 설명을 부탁하면 신이 나서 열정적으로 자신이 알고 있는 모든 것을 알려준다.

서점 안에는 카페와 가볍게 샴페인이나 와인을 한잔 할 수 있는

런던의 옥스퍼드와 피카딜리로 이어지는 메인 스트리트에 있는 메종 애슐린. 문을 열고 들어서는 순간 레어북들이 맞이해준다. 매장 내부에는 차와 술을 즐길 수 있는 공간이 마련되어 있다.

레어북은 대부분 유명 브랜드를 다룬 책과 아트북이다. 보기만 해도 황홀하다.
책이 워낙 크고 무겁기 때문에 전용 받침대가 있다(아래 사진 하단부).

바도 있다. 책을 사지 않아도 카페에서 커피를 마시거나 바에서 술을 마시면서 책을 볼 수 있어 좋았다. 원래부터 가볍게 술 한잔 하면서 책 보는 것을 좋아했기에 더 마음이 끌렸던 것 같다.

책과 연관이 있는 상품과의 콜라보도 눈길을 끌었다. 스틸북스의 경우 층별로 주제를 달리하고 관련 상품을 전시했는데, 메종 애슐린도 명품, 음식, 술을 기준으로 섹션을 구분해놓았다. 명품과의 콜라보에서는 책처럼 더 이상 판매하지 않는 명품들도 있어 더욱 관심을 끈다.

런던 메종 애슐린은 영국에 갈 때마다 찾는 곳이다. 복잡한 도시에 편안하게 술을 마시면서 책을 보기만 해도 인사이트가 터지고 깊은 사색에 잠길 수 있게 해주는 공간은 많지 않기 때문이다. 책을 보는 것도 재미있지만 다른 사람들의 모습을 관찰하는 것도 재미있다. 다른 사람들은 어떤 책들을 주로 보는지, 어느 부분에서 감탄하는지를 보면서 또 다른 관점을 확인하는 것도 많은 공부가 된다.

메종 애슐린은 너무나도 매력적이고, 다른 서점과는 차별화된 공간이지만 수익이 나는지는 의문스럽다. 런던 메종 애슐린은 영국에서 땅값이 비싸기로 소문난 옥스퍼드와 피카딜리로 이어지는 메인 스트리트에 있다. 레어북과 콜라보한 상품이 비싸도 구입할 수 있는 수요층이 얇으니 어지간해서는 매장 임대료를 감당하기도 어려워 보인다.

하지만 메종 애슐린은 수익보다 브랜드의 이미지를 극대화하기 위한 매장이다. 한남동에서 많이 볼 수 있는 플래그십 스토어인 셈이다. 비록 수익은 기대치에 미치지 못해도 전 세계 사람들이 한번 보면 잊을 수 없는 멋진 서점이라는 것만으로도 존재의 이유는 분명해진다. 메종 애슐린에서 파는 레어북처럼 흔하지 않은 새로운 서점은 언제나 사람들의 주목을 받는다.

메종 애슐린 내부는 품격 있게 꾸며져 있다. 단지 책을 보는 서점이 아니라 오래 머물면서 술과 차를 즐기고 문화도 만끽하는 공간임을 알 수 있다.

디뮤지엄,
주변과의 조화로 완성한
라이프 스타일

한남동에는 크고 작은 미술관들이 많다. 그중에서 가장 많은 사람들이 즐겨 찾는 미술관은 두말할 것도 없이 디뮤지엄 (D Museum)이다. 2015년 12월 5일 문을 열 때부터 폭발적인 관심을 받았고, 4년이 되어가는 지금까지 사람들의 발길이 끊이지 않는 곳이다.

디뮤지엄은 미술관으로서의 가치와 의미도 크지만 개인적으로는 대림그룹이 디뮤지엄을 중심으로 그 주변을 새롭게 정비한 과정에 더 관심이 많다. 사운즈한남은 모든 라이프 스타일 공간을 직접 설계하고 만들었다. 이에 비해 디뮤지엄을 중심으로 한 리플레이스 상업공간은 이미 있던 주변 건물을 활용해 만든 것이다. 꼭 처음부터 다 새로 만들지 않아도 얼마든지 다양한 라이프 스타일을 경험할 수 있는 공간을 만들어낼 수 있음을 보여준 셈이다.

디뮤지엄 자체도 충분히 매력적이어서 일부러 보려고 노력하지 않으면 디뮤지엄 주변 공간을 놓칠 수 있다. 시간을 넉넉하게 잡고, 디뮤지엄에서 전시된 작품들을 관람하고 밖으로 나와 주변을 돌아보면 디뮤지엄뿐만이 아니라 그 주변 모두가 하나의 거대한 복합 문화공간이라는 것을 실감할 수 있을 것이다.

관람하는 미술에서 소유하는 미술로

디뮤지엄은 우리나라에서 가장 고가의 아파트 중 하나인 한남더힐 앞에 있다. 전셋값만 해도 수십억 원에 달하는 그 비싼 아파트 앞에 있는 미술관이지만 대중적인 미술관으로 유명하다.

문을 열어놓아도 아직 많은 사람들이 미술관에 대한 편견 때문에 쉽게 미술관의 문턱을 넘지 못한다. 미술은 돈 있는 부자들이나 가까이할 수 있는 사치로 여기기도 하고, 예술이 아닌 재테크의 수단으로 오해하는 경우도 있다. 호기심은 있어도 봐도 이해하기 어려울 것이라는 편견 때문에 지레 시도도 하지 않는 사람들도 많다.

하지만 디뮤지엄은 주제부터 청춘들의 관심사로 눈높이를 맞췄다. 미술을 잘 모르는 사람들도 호기심을 갖고 보고 싶어 할 만한 주제를 선정해 감각적으로 관련 작품들을 디스플레이했다. 'Youth: 청춘의 열병, 그 못다 한 이야기'(2017년), '플라스틱 판타스틱'(2018년), 'Weather: 오늘 당신의 날씨는 어떤가요?'(2018년) 등 주제들이 하나같이 어렵지 않다. 날씨를 주제로 한 전시는 워낙 인기가 많아 기간을 추가로 연장하기도 했다.

2019년 첫 전시 주제는 'I Draw: 그리는 것보다 멋진 건 없어'였다. 카메라가 아무리 발달해도 그림만이 갖는 힘이 있다. 20세기 일러스트레이션 마스터로 불리는 피에르 르탕, '낙서폭탄(Doodlebomb)' 프로젝트로 유명한 해티 스튜어트, 구찌의 뮤즈가 된 언스킬드 워커 등 세계적으로 주목받는 아티스트 16명의 작품을 전시하며 8월 18일까지 진행되었다.

리플레이스 한남 F동에 자리를 잡은 디뮤지엄

　주제도 흥미롭지만 전시를 하는 방법도 다채로워 미술이나 예술에 대한 이해가 없어도 관람하는 데 아무 문제가 없다. 자신의 느낌을 살려 봐도 좋고, 도슨트가 있으므로 도슨트의 설명을 들으면서 봐도 좋다. 시간이 넉넉하다면 한 번은 그냥 느낌대로 보고, 한 번은 도슨트와 함께 볼 것을 권한다.

　디뮤지엄이 미술관의 문턱을 낮춘 덕분에 처음 방문한 미술관이 디뮤지엄이라는 사람들도 많다. 우연히 친구 따라 디뮤지엄에 왔다 미술에 대한 흥미가 생겨 다른 미술관에도 일부러 찾아가기 시작했다는 이들도 한둘이 아니다. 디뮤지엄이 다른 미술관으로 가는 통로 역할을 해준 셈이다.

디뮤지엄 앞에는 우리나라에서 가장 비싼 아파트 중 하나인 한남더힐이 있다.

디뮤지엄 안에는 전시하는 주제와 관련된 굿즈를 판매하는 매장이 있다. 미술관을 한 바퀴 돌며 주제를 다양하게 표현한 작품들을 보고 나오면 바로 관련 굿즈들이 눈에 들어온다. 가격이 그리 비싸지 않으면서도 디자인이 감각적인 제품들이 많이 있어 자연스럽게 구매로 이어지는 경우가 많다.

이를 두고 어떤 사람들은 미술이 너무 상업화되었다며 우려하기도 하지만 미술관을 운영하는 것도 비즈니스다. 설령 공익을 목적으로 하더라도 수익을 내야 좋은 아티스트를 초청해 지속적으로 전시를 할 수 있다. 따라서 주제에 맞는 다양한 굿즈를 개발하려는 노력은 당연히 해야 한다고 본다.

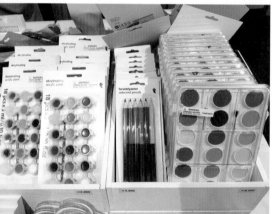

디뮤지엄 1층에 있는 굿즈숍. 전시 주제와 어울리는 굿즈들을 볼 수 있다. 디뮤지엄은 미술관의 문턱을 낮추고, 굿즈를 잘 개발해 비즈니스적으로도 가능성을 열었다.

이제는 예술을 단순히 보고 즐기는 것이 아니라 구매해 소유하고 싶어 하는 사람들이 많아졌다. 예술이 일상의 한 부분으로 들어오기 시작한 것이다. 작가들의 마인드도 달라지고 있다. 신진 작가들은 손에 잡히지 않는 예술보다 실제 실생활에서 사용할 수 있는 예술을 지향한다. 이렇게 예술이 일상 깊숙이 들어오는 변화를 감지하여 일반인들이 예술을 좀 더 가깝게 즐길 수 있는 비즈니스를 기획한다면 좋은 성과를 기대할 수 있을 것이다.

디뮤지엄과 리플레이스 한남의 만남

디뮤지엄 주변에는 비슷하면서도 다른 건물들이 여러 채 있다. 들어가서 먹어보고 싶은 외식 브랜드가 입주한 건물들도 있고, 보기만 해도 멋진 감각적인 패션 브랜드도 눈에 띈다. 모두 디뮤지엄의 형제 건물들로 '리플레이스(Replace)'라 불린다.

리플레이스는 외식, 패션, 라이프 스타일 브랜드들을 비롯해 전시관, 주거시설, 오피스로 구성된 대림그룹의 복합공간 브랜드이다. 광화문 D타워의 리플레이스가 가장 유명하고, 리플레이스 한남은 디뮤지엄이 인기를 끌면서 자연스럽게 존재감을 드러냈다.

리플레이스 한남은 디뮤지엄까지 포함해 모두 8개 건물로 이루어져 있다. 주거공간은 따로 만들지 않았지만 리플레이스 바로 앞에 있는 한남더힐 아파트가 주거공간의 역할을 대신해준다.

리플레이스 한남은 만들어진 과정이 매우 흥미롭다. 사운즈한남의 경우 완전히 공간을 새로 설계하고 지은 창조적인 공간이다. 하지만 디뮤지엄을 포함한 리플레이스 한남은 기존의 건물을 최대한 활용했다. 미술관인 디뮤지엄은 전시공간이다 보니 새로 지었지만 다른 7개 동의 리플레이스는 다가구주택이나 노후된 상가를 매입해 재건축했다. 건물의 모양은 제각각이지만 시밀러 벽돌 무늬로 통일성을 주면서도 컬러에 변화를 주어 개성을 살렸다. 건물을 부수고 다시 지을 수도 있었을 텐데, 그 지역 다른 건물들과의 균형을 생각하며 재건축을 했다는 것을 개인적으로는 높이 평가한다.

보통 백화점을 비롯해 대형 복합쇼핑몰이 들어오면 그 지역 사람들은 상권이 죽는다며 싫어한다. 하지만 리플레이스 한남은 오히려 죽어가던 지역 상권을 살렸다. 사람들은 전시회를 보고 나면 그 주변 지역을 둘러보며 먹을 곳과 마실 곳, 다른 볼거리를 찾기 마련이다. 그런 사람들을 리플레이스가 수용하며 사람들이 더 많이 몰리기 시작했고, 자연스럽게 리플레이스가 아닌 상가도 활기를 띠게 된 것이다.

사실 대림그룹이 지금의 리플레이스 한남을 구상한 것은 아주 오래전부터이다. 한남동은 2007년 단국대가 경기도로 이전한 후 활기를 잃었다. 정부는 죽어가는 한남동을 살리기 위해 '도심재생 프로젝트'를 진행했고, 대림그룹은 일찌감치 그 프로젝트에 동참해 차근차근 도시를 재생할 준비를 했다.

대림그룹은 2010년부터 2012년까지 지금의 리플레이스가 된 건물들을 사들였다. 건물을 매입하는 데 약 500억 원, 재건축을 하는데 약 300억 원이 들었다고 한다. 당시만 해도 한남동이 지금처럼 비싸지 않았기 때문에 지금은 자산가치가 큰 폭으로 상승했을 것

한남더힐 125동 건너편에 있는 리플레이스 한남 D동. 리플레이스 한남은 새로 짓지 않고 기존 건물을 재건축한 것이 특징이다.

리플레이스 한남 F동. 유럽 가정식 '아벡누' 음식점이 있다.

타르틴 베이커리 서울의 외관과 내부 모습. 타르틴 베이커리는 미국
샌프란시스코의 유명한 베이커리 브랜드로 한국에도 진출했다.

태국식 소고기 쌀국수 전문점 '소이연남'도 보인다. 본점은 연남동에
있고, 2018년에 리플레이스 한남 C동에 오픈했다.

으로 추정된다.

　도시를 재생하는 방법은 여러 가지다. 전부 부수고 다시 지을 수도 있지만 리플레이스 한남처럼 기존 건물들을 잘 활용해 재구성하는 것도 참으로 멋진 일이다. 그러면서 리플레이스 한남은 혼자만 우뚝 서지 않고 지역을 활성화해 공생의 길을 열었으니 도시재생의 바람직한 모델로 손색이 없다.

한잔하며 작품을 감상할 수 있는 곳, 구슬모아당구장

　디뮤지엄에서 3분 정도 걸으면 '구슬모아당구장'이 있다. 구슬모아당구장은 대림문화재단이 2012년 11월 문을 연 전시관이다. 원래 이곳은 이름처럼 한남동 독서당로의 외진 골목에 있던 당구장이었다. 사람들의 발길이 닿지 않아 거의 버려지다시피 했던 당구장 이름을 그대로 살려 국내 젊은 작가를 지원하는 전시공간으로 꾸몄다. 그리고 2017년 디뮤지엄 가까이로 확장 이전해 전시는 물론 공연 및 다양한 프로그램을 진행하고 있다.

　구슬모아당구장은 독특한 이름만큼이나 운영하는 방식도 특이하고, 무엇보다 전시하는 작품이 남다르다. 대림문화재단이 독창적이고 실험적인 창작활동을 지원하기 위한 목적으로 만든 곳답게 다른 전시장에서는 보기 어려운 작품들이 많이 전시된다. 또한 미술작품만 전시하는 것이 아니라 다양한 장르의 크리에이터들이 개성 넘치는 자신의 작품을 전시한다. 비록 공간은 작아도 그 공간에 담기는 문화 콘텐츠가 워낙 다양하다 보니 작다는 느낌이 들지 않

구슬모아당구장 입구는 갤러리와 복고풍 마트를 콜라보한 듯한 느낌을 준다.

구슬모아당구장 안에는 술과 음료를 마실 수 있는 공간이 있다.

구슬모아당구장에서는 실제 마트에 쇼핑 온 느낌으로 전시를
체험하고 굿즈를 구매하게 된다.

는다. 오히려 작품의 주제가 달라질 때마다 공간이 주는 느낌도 변
하다 보니 무한대 같은 공간이라는 착각이 들기도 한다.

　독창적이고 실험적인 작품들을 무료로 볼 수 있고, 예전 당구장
의 분위기를 그대로 살려 아날로그 감성을 고스란히 느낄 수 있다
는 것도 구슬모아당구장의 매력이지만 전시장이면서도 술과 음료
를 마실 수 있다는 점 때문에 퇴근 후 이곳을 찾는 사람들이 많다.

　구슬모아당구장은 모든 점에서 파격이다. 전시관은 공간이 넓어
야 한다는 막연한 생각도 깨뜨리고, 제대로 옷을 갖춰 입고 조금은
진지한 자세로 작품을 대해야 한다는 고정관념도 깼다. 현대인들

이 꿈꾸는 라이프 스타일에 적합한 공간을 계획하는 이들이라면, 술과 커피를 마시고 즐겁게 놀면서 편하게 다양한 작품을 감상할 수 있는 구슬모아당구장을 찾아볼 것을 권한다.

디뮤지엄 가까이 이전하면서 디뮤지엄과 리플레이스 한남의 라이프 스타일을 좀 더 다양하게 업그레이드하는 데도 일조했다. 구슬모아당구장은 디뮤지엄과는 또 다르다. 좀 더 창의적이고 실험적인 작품들이 전시되기 때문에 디뮤지엄을 보고 구슬모아당구장을 둘러보면 훨씬 풍요로운 예술 세계를 접할 수 있다.

예술이
우리 삶 속으로
들어올 때

처음 미술을 접할 때는 보는 것만으로도 좋다. 일상에서는 느끼기 어려운 감동을 느끼기도 하고, 작품을 보면서 불현듯 인사이트가 터지기도 한다. 그렇게 미술에 빠져들다 보면 어느 순간 미술작품을 내 가까이에 두고 수시로 보고 싶은 마음이 생긴다.

하지만 모든 예술품이 그렇듯 미술품 가격이 만만치 않다. 웬만큼 유명한 작가들의 작품은 대부분 억 소리가 난다. 아무리 그림이 좋아도 그 많은 돈을 지불하고 살 수 있는 사람은 많지 않다. 그렇다 보니 그림이 보고 싶을 때마다 갤러리를 찾아다니며 스스로를 위안할 수밖에 없다.

결국 고가의 미술품은 눈으로만 봐야 하는 것일까? 유명 미술품을 합리적인 가격에 손에 넣을 수 있는 길이 열렸다. 비록 진품은 아니지만 일상에서 가깝게 미술품을 보고 싶은 사람들에게는 가뭄에 단비를 만난 것 같은 기쁨을 선사한다. 소수의 특별한 사람들만이 가질 수 있었던 미술품이 이제 원하는 사람이면 욕심을 내볼 수 있을 정도로 대중화되고 있다는 것은 무척이나 반가운 일이다.

미술품을 소장하며 즐긴다, 프린트 베이커리

프린트 베이커리(print bakery). 이름만으로는 무엇을 하는 곳인지 알기가 어렵다. 프린트 베이커리는 주로 그림과 도자기 같은 미술품을 경매를 통해 위탁판매하는 '서울옥션'이 만든 브랜드이다. 베이커리에서 빵을 고르듯, 미술품이 소수만을 위한 '고가의 작품'이 아니라 더 많은 사람이 즐기고 소장할 수 있게 하기 위해 프린트 베이커리를 만들었다.

프린트 베이커리에서는 유명 작가나 주목받고 있는 신예 작가들의 작품을 비교적 합리적인 가격에 판매한다. 예를 들어 2015년 10월 서울옥션 홍콩 경매에서 47억 원에 낙찰된 김환기 화백의 작품을 프린트 베이커리에서는 크기에 따라 약 70만 원에서 400만 원에 살 수 있다. 서울옥션 경매가에 비하면 비교하기 어려울 정도로 낮은 가격이다.

이렇게 프린트 베이커리가 미술품을 합리적 가격에 팔 수 있는 이유는 원화와 똑같은 모양으로 판에 새겨서 찍어낸 판화이기 때문이다. 복제품이어서 원화에 비해 가치가 떨어지기는 하지만 프린트 베이커리에서 파는 판화는 조금 다르다. 한정판인 데다 작가의 감수를 거쳐 친필 서명과 한정판 번호가 새겨져 있어 일반 복제품과는 비교가 안 된다.

판화의 수준도 높다. 프린트 베이커리는 색 보존성이 뛰어나 색이 바래지 않는 피그먼트 안료로 작품을 인쇄한 후 강화 아크릴 재질에 압착하는 방식으로 판화를 만든다. 따라서 원화 고유의 특성을 그대로 담아내면서 변형이 없다는 특징을 지닌다.

프린트 베이커리. 밖에서도 안이 훤히 들여다보여 프린트 베이커리가
어떤 곳인지 짐작할 수 있다.

프린트 베이커리 내부는 갤러리 못지않게 감각적이다.

프린트 베이커리에서는 작품을 일상용품에 접목한 제품들도 많이 볼 수 있다.

미술품을 보는 안목이 없어도 걱정하지 않아도 된다. 프린트 베이커리에서 판매되는 작품들은 각각 작가와 작품 소개를 친절하게 해놓았기 때문에 읽어보면서 마음에 드는 작품을 고를 수 있다.

프린트 베이커리에는 판화만 있는 것이 아니다. 국내외 유명 작가들의 한정판 예술작품과 원화도 직접 감상하고 구매할 수 있다. 뿐만 아니라 접시, 노트 등 일상용품과 미술품을 접목한 작품들도 많다. 대부분 젊고 트렌디한 감각이 넘치는 작품들이어서 사고 싶은 충동을 느끼게 한다.

몇 번 프린트 베이커리를 방문하면서 꼭 원화만이 감동을 주는 것이 아니라는 것을 깨닫곤 한다. 오히려 멀게만 느껴졌던 미술품을 손에 넣을 수 있어 원화를 볼 때와는 또 다른 감동을 느끼게 된다. 요즘에는 미술관 중에도 미술을 대중화시키기 위해 노력하는 곳들이 많다. 프린트 베이커리도 그중 하나다.

최근 들어 프린트 베이커리는 미술품을 파는 것 외에 공간에 대한 제안을 하기 시작했다. 멋진 미술품을 하나 걸어두는 것만으로도 공간의 품격이 달라진다. 하지만 일상을 즐기는 각각의 공간에 어울리는 미술품을 골라 배치하기는 쉽지 않은 일이다. 그래서 프린트 베이커리는 신혼부부를 비롯해 공간의 변화를 주고 싶은데 어떻게 해야 하는지 모르는 이들에게 다양한 제안을 한다.

예술을 취미이자 생활로 즐기는 사람들이 늘어나는 것은 비즈니스 아이템을 찾는 사람들이 눈여겨봐야 하는 대목이다. '소확행'이라는 말로 대변되는, 스스로를 위해 기꺼이 비용을 지불할 준비가 되어 있는 사람들에게 예술과 비즈니스를 어떻게 접목하여 제시할 것인지 고민해보면 좋겠다.

아트토이,
내 손으로 직접 작품을 만드는 즐거움

　　　　　프린트 베이커리는 예전에는 손에 넣을 수 없었던 예술작품을 내 일상으로 끌어와 늘 옆에 두고 볼 수 있는 길을 열어주었다. 더 이상 예술은 특별한 사람들만 가까이할 수 있는 성역이 아니다. 앞으로는 프린트 베이커리처럼 예술을 대중화시키는 다양한 시도가 이루어질 것이고, 그만큼 예술은 좀 더 일상 깊숙이 들어올 것이다.

예술의 대중화로 이제 누구나 일상에서 예술을 즐길 수 있게 되었다. 대표적인 것 중 하나가 아이들과 어른들 모두 좋아하는 '아트토이'인데, 장난감에 아티스트의 그림을 입히거나 디자인을 변형한 장난감을 말한다. 그래서 아트토이는 장난감이 아니라 예술적 가치가 있는 작품에 가깝다. 유명 작가가 만든 아트토이는 수억 원이 넘을 정도로 가격이 비싸다.

하지만 최근 아트토이가 많이 대중화되었다. 그렇게 되기까지는 아트벤처스 문효은 대표의 노력이 큰 도움이 되었다. 문 대표는 2014년부터 매년 대대적으로 아트토이 박람회인 '아트토이 컬처'를 개최하고 있다. 아트토이 컬처를 통해 작가들은 자신의 작품을 알릴 수 있고, 고객들은 합리적인 가격에 아트토이를 살 수 있게 되면서 예술작품을 장난감처럼 갖고 노는 것이 가능해졌다.

예술의 향기에 흠뻑 빠지는 곳, 뮤지엄 산

프린트 베이커리 덕분에 도시에서 쉽게 미술을 접하고 작품을 소유할 수 있다는 건 멋진 일이다. 하지만 때로는 일상에서 벗어나 수준 높은 예술에 흠뻑 빠져볼 필요가 있다. 특히 비즈니스를 하는 사람은 익숙한 공간을 벗어나 예술의 향기가 물씬 풍기는 곳에 가면 평소에는 하지 못했던 많은 생각을 하게 되고 인사이트를 얻을 수 있어 좋다.

나는 계절이 바뀔 때마다 한 번씩 강원도 원주에 있는 뮤지엄 산(Museum SAN)에 간다. 뮤지엄 산은 'Space', 'Art', 'Nature'의 첫 글자를 모아 만든 이름인데, 이름처럼 자연과 예술이 어우러진 공간이다. 이곳은 프린트 베이커리와는 달리 일부러 시간을 내지 않고서는 가기가 힘들다. 그럼에도 적어도 계절마다 한 번씩 뮤지엄 산을 찾는 이유는 온전히 예술을 오감으로 체험할 수 있기 때문이다.

뮤지엄 산은 한솔제지에서 만든 갤러리다. 원래는 종이 박물관을 만들고 싶어 했지만 사람들의 관심을 끌지 못할 것이라 우려해 예술을 담는 갤러리로 방향을 바꾸었다고 한다.

뮤지엄 산은 건축물부터 그야말로 예술인데, 일본의 유명한 건축가 안도 다다오가 8년 동안 심혈을 기울여 만들었다. 안도 다다오는 노출 콘크리트와 물, 빛을 이용하는 건축가로 유명하다. 뮤지엄 산도 이러한 안도 다다오의 특징이 고스란히 담겨 있다.

전체적으로 건축물이 어둡지만 우울하지 않다. 건축물 곳곳에 가로 혹은 세로 창문이 있어 자연광이 자연스럽게 내부를 비추기

뮤지엄 산 입구. 뮤지엄에 온 것을 환영하는 것 같은 빨간 아치는 알렉산더 리버만의 작품 '아치웨이(Archway)'다.

때문이다. 위에서 내리쬐는 빛도 은은해 눈이 피로하지 않다.

뮤지엄 산은 '박물관', '미술관', 제임스 터렐의 작품이 전시된 '제임스 터렐관', '명상관'으로 구분된다. 뮤지엄 입구에 들어서면 빨간색의 대형 아치가 보인다. 마치 뮤지엄 산에 온 것을 환영한다고 인사를 하는 것같이 보이는 이 아치는 화가이자 조각가, 사진작가로 활동하는 알렉산더 리버만의 작품이다. 아치 밑에는 동그란 조약돌들이 가득한데 봄, 여름에는 물이 흐르는 워터가든이 된다.

박물관, 미술관도 훌륭하지만 개인적으로는 제임스 터렐관이 가장 충격적이었다. 빛의 마술사라 불리는 제임스 터렐은 작품을 통해 빛의 존재를 느끼고, 만져보고, 경험할 수 있게 해주는 아티스트다. 처음 제임스 터렐의 작품을 보았을 때의 충격을 지금도 잊을 수 없다. 분명 빛과 함께 무언가가 보였는데, 가까이 가보니 아무것도 없었다. 어둠과 빛 속에서 극도의 혼란에 빠져 있다 나와보니 내가 본 모든 것이 작가가 의도적으로 연출한 것임을 알고 소름이 돋았었다.

제임스 터렐의 작품은 워낙 유명해 한 곳에 한 점 이상 없는데 뮤지엄 산은 네 작품을 전시하고 있다. 한솔제지는 처음에 제임스 터렐에게 작품 두 개만 만들어달라고 간청했는데 그가 제임스 터렐관을 직접 와서 보고는 네 개를 설치해도 될 공간이라며 이렇게 네 작품을 만들어주었다고 한다. 다른 나라의 설치미술은 1인 2점 정

제임스 터렐관으로 가는 방향에 스톤 가든이 있다. 제임스 터렐은 미국의 설치미술가로, 뮤지엄 산의 제임스 터렐관에는 그의 작품 네 점이 전시되어 있다.

뮤지엄 산의 내부 구조는 신비롭다. 자투리 공간마저도 생각을 끌어내는 듯
설계한 걸 보면 건축물도 예술이라는 말이 실감 난다.

뮤지엄 산 주위에는 자연 속에서 힐링할 곳들이 많다.

도이고 한 자리에서 네 점을 볼 수 있는 곳은 흔하지 않다. 이렇게 멋진 작품을 해외에 나가지 않고도 볼 수 있다는 것 자체가 감동이다.

무엇보다 뮤지엄 산은 다양한 형태의 예술품을 만날 수 있어 좋다. 사람들은 저마다 좋아하는 장르가 있기 마련이다. 그림을 좋아하는 사람도 있고, 조형물을 좋아하는 사람도 있고, 설치미술을 좋아하는 사람도 있다. 그런데 뮤지엄 산에는 그림, 조형물, 설치미술, 백남준의 비디오 아트 등 볼거리가 풍부해 누구든 만족한다. 여러 사람이 함께 가면 서로 관심사가 달라도 보고 싶은 것을 보고, 나중에 각자 본 것에 대해 이야기할 수 있어 좋다.

뮤지엄 산이 만들어지기까지의 과정을 한눈에 볼 수 있게 해놓은 것도 인상적이었다. 아무것도 없는 허허벌판에 건축물이 올라가는 과정과 조형물을 만들어 설치하는 과정을 시간순으로 정리해놓았는데, 깊은 감동을 받았다.

비즈니스 히스토리는 비즈니스맨들의 정체성과 사업의 궁극적 목표를 공고하게 해주는 수단이 될 수 있다. 하지만 처음 비즈니스를 할 때는 히스토리를 만들 생각조차 못한다. 처음에 썼던 명함, 사무실 모습, 맨 처음 만들었던 상품 모두 나중에 훌륭한 히스토리의 증거가 되지만 당장 비즈니스를 하는 데만 급급하게 된다. 나 역시 꽤 오랜 세월 비즈니스를 하면서도 히스토리를 정리해둘 생각은 해본 적이 없다. 최근에서야 비즈니스의 자취를 기록하기 시작했는데, 힘들지만 소중했던 지난 시간들을 그냥 흘려보낸 것이 못내 아쉽다. 뮤지엄 산을 통해 비즈니스 히스토리의 중요성을 다시한번 인식하게 되었다. 지금 이 순간 열심히 비즈니스를 해나가고 있는 이들에게 비즈니스 히스토리의 정리를 추천하고 싶다.

다양한 예술을 만날 수 있는 곳, 일상에서 완전히 차단돼 온전히 예술을 즐길 수 있는 곳이 뮤지엄 산이다. 예술 깊숙한 곳에 있으면서 비즈니스적인 통찰까지 얻을 수 있어 늘 가보고 싶고, 보고 뒤돌아서는 순간부터 그리워지는 곳이다.

책
속
부
록

비즈니스 트립,
'어떻게' 하느냐에 따라 결과가 달라진다

"어떻게 그걸 보고 그렇게 비즈니스에 연결할 수가 있어요?"

많은 사람이 나에게 이런 질문을 한다. 솔직히 지금이야 무언가를 보면 자동으로 비즈니스에 어떻게 연결할 것인가가 떠오르지만 처음부터 그랬던 것은 아니다. 10여 년이 넘는 긴 세월 동안 끊임없이 보고 시행착오를 되풀이한 덕분에 무엇을 보든 비즈니스적인 사고를 할 수 있는 뇌구조를 갖게 된 것이다.

나도 처음 비즈니스 트립을 할 때는 많은 것을 놓쳤다. 어떻게, 무엇을 봐야 하는지를 몰랐기 때문이다. 10여 년 전 최고경영자 과정을 공부할 때였는데, 당시 주머니 사정으로는 해외 비즈니스 트립을 갈 형편이 아니었다. 그럼에도 꽉 막혀 있는 비즈니스를 어떻게든 풀고 싶은 마음에 무리를 해서 같이 공부하던 대표님들과 함께 비즈니스 트립을 떠났다.

생애 처음 갔던 비즈니스 트립 장소는 '홍콩'이었다. 홍콩의 화려함은 단숨에 내 눈길을 현혹했다. 밤이 되니 홍콩은 더욱 환상적인 모습으로 변했고, 한동안 넋을 놓고 보다 정신을 차렸다. 감탄하고 즐기기 위한 여행이 아니라 하나라도 배우고 싶어 온 홍콩이었다.

"대표님, 뭘 봐야 해요?"

의욕만 앞섰지 어떻게, 무엇을 봐야 하는지를 모르니 물어보는 것이 상책이었다. 다짜고짜 평소 친하게 지내던 대표님을 붙잡고 보는 방법을 알려달라고 떼를 썼다.

"홍콩에서는 간판을 잘 봐야 해."

홍콩 거리에는 간판들이 서로 경쟁하듯 붙어 있다. 대표님은 무수히 많은 간판 중에서 어떤 간판이 눈에 띄는지, 가까이서 봤을 때와 멀리서 봤을 때 무엇이 다른지 등을 보다 보면 회사 로고나 명함, 제품 패키지를 만들 때 많은 도움이 될 것이라고 조언해주셨다.

대표님이 알려주신 대로 간판들을 보면서 많은 것을 배웠다. 일반적으로 보기에 예쁜 디자인과 간판으로 걸렸을 때 눈에 띄는 디자인이 달랐다. 어떤 폰트와 색깔을 쓰느냐에 따라서도 주목도가 다르다는 것도 알았다. 무조건 예쁜 디자인만 선호했던 나는 이후 비즈니스적인 관점에서 디자인을 보기 시작했다. 주목을 끄는 것이 목적일 때, 기업의 철학이나 이미지를 표현해야 할 때 제각각 목적에 따라 디자인을 달리하려 노력했다.

두 번째 트립 장소는 중국 상하이였다. 어떤 장소든 구석구석 입체적으로 봐야 한다. 그럼에도 상하이 매장은 특히 파티션을 집중적으로 봐야 한다는 것이 동행했던 대표님의 조언이었다. 중국은 땅이 넓고 사람들도 대륙의 기질을 타고나서인지 뭐든 큰 것을 좋아한다. 매장의 규모도 입이 딱 벌어질 정도로 엄청나다. 그 큰 공간을 다 칸막이를 하거나 룸으로 만들면 답답하다. 그래서 다양한 형태의 파티션을 활용해 공간을 적절히 구분하면서도 트인 느낌을 준 것이 인상적이었다.

목재로 틀을 잡고 사이사이를 틔워 개방감을 준 파티션, 병풍처럼 생긴 파티션, 커튼처럼 위에서 아래로 떨어지는 파티션 등 종류가 다양했다. 그런 파티션을 보면서 파티션이 단순히 공간을 분할하는 데 그치지 않고 인테리어 역할까지 할 수 있겠다는 인사이트를 얻기도 했다.

그렇게 대표님들에게 물어가면서 비즈니스 트립을 어떻게 해야 하는지를 고민했다. 트립을 떠나기 전 관심사를 먼저 정하고, 현지에 도착해서 마치 내가 관심 분야 비즈니스를 하고 있는 대표처럼 그 분야를 관찰했다. 한 번, 두 번 비즈니스 트립을 거듭하면서 어떻게 봐야 하는지를 연습하다 보니 어느 순간부터는 의식하지 않아도 자동으로 다양한 관점에서 이것저것을 보고 비즈니스적인 생각을 하는 지금의 내가 될 수 있었다.

시행착오는 줄일 수 있다면 줄이는 것이 좋다. 저마다의 목적으로 비즈니스 트립을 하는 사람들이 나와 같은 시행착오를 하지 않도록 10여 년 동안 터득한 방법을 정리해보았다. 어떤 분명한 공식이 있는 것도 아니고, 대상이나 장소에 따라 중점적으로 봐야 하는 것도 달라서 스텝 바이 스텝으로 명쾌한 방법을 정리하기는 무리가 있다. 하지만 언제, 어디를 가든 꼭 봐야 할 것들이 있는데, 그것만 봐도 비즈니스 트립 절반은 성공한 것이나 마찬가지다.

1. 소비자 관점에서 한 번, 사업자 관점에서 또 한 번 봐라

비즈니스 트립은 무엇을 보든 소비자 관점에서 한 번 보고, 사업자 관점에서 다시 볼 필요가 있다. 어떤 관점에서 보는가에 따라 똑같은 것을 보더라도 달리 보이기 때문이다. 먼저 소비자 관점에서 어떤 것에 눈길이 가고, 좋아 보이는지를 살펴본다. 철저하게 소비자 입장에서 좋았던 것과 불편했던 것을 느껴보면 그곳의 본질을 파악하는 데 도움이 된다. 예를 들어 즐겨 찾는 카페가 있다면, 왜 그 카페를 좋아하는지를 생각해보면 그 카페의 본질이 커피 자체에 있는지, 쾌적한 공간에 있는지, 가성비에 있는지 알 수 있다.

사업자 관점에서도 봐야 한다. 소비자 관점으로 볼 때보다 의식적으로 노력하지 않으면 사업자 관점에서 봐야 할 것들이 잘 보이지 않는다. 보통은 소비자 입장에서 좋아 보였던 것들은 사업화시킬 수 있는 충분한 가능성이 있다. 하지만 언제나 그런 것은 아니다. 예를 들어 소비자 입장에서는 가격이 저렴해 좋아 보였지만 사업자 관점에서 분석해보면 수익성이 예상보다 낮을 수 있다. 따라서 소비자 입장에서 좋아 보였더라도 사업자 관점에서 구현 방법을 고민해볼 필요가 있다.

2. 그곳만 보지 말고 주변까지 함께 봐라

보통 비즈니스 트립을 할 때는 미리 가보고 싶은 목적지를 정해놓고 가는 경우가 많다. 특히 어렵게 시간을 내서 비즈니스에 도움이 되는 무언가를 얻고 싶을 때는 더 그렇다. 미리 도움이 될 만한 곳을 검색하고, 주변 사람들의 조언을 구해 갈 곳을 정한다.

목적지를 정하는 것 자체는 나쁘지 않다. 하지만 정해진 목적지만 봐서는 안 된다. 어떤 곳에 매장이나 건물이 들어설 때는 아무 이유 없이 그냥 들어서지 않는다. 그 건물이나 매장이 그곳에 있는 것은 분명 이유가 있다. 그 이유를 알려면 주변까지 함께 돌아봐야한다.

일반적으로 사람들의 발길을 많이 끄는 곳은 주변에 그곳을 찾은 사람들이 좋아할 만한 볼거리, 즐길 거리들이 있다. 예를 들어 디뮤지엄 주변에는 부자들이 사는 더힐 아파트가 있고, 디뮤지엄 주변으로 먹고 즐길 수 있는 리플레이스 공간이 나열되듯 둘러싸여 있다. 모두 디뮤지엄과 어울리는 주변이다. 어떤 위치에 사업장을 만드느냐에 따라 성패가 달라질 수 있다. 때문에 주변까지 같이 보면 그 지역의 수준과 어떤 업종들이 모여야 시너지가 나는지를 알 수 있다.

3. 내부를 구석구석 살피고 외관까지 봐라

목적지에 도착하면 그곳의 브랜드 네이밍, 상품의 특징, 메뉴판의 구성, 인테리어 및 공간 설계 등을 살펴보고, 내가 소비자라면 어떤 점이 매혹적인지, 내가 사업자라면 어떤 점을 구현할 수 있는지를 생각해본다. 또한 그곳을 오고 가는 고객층을 관찰하여 남녀 성비, 연령대 등도 정리해보자. 고객들을 잘 관찰하여 내 타깃층을 누구로 잡을 것인지도 생각해본다.

내부를 꼼꼼하게 잘 보는 것과 아울러 외관도 잘 살펴봐야 한다. 외관은 건물이나 매장의 첫인상이나 마찬가지다. 따라서 건물을 짓거나 매장을 오픈할 때는 외관에 자신의 아이덴티티를 분명하게 보여주기 위해 노력한다. 외관을 어떻게 디자인했고, 어떤 재료를 사용해 꾸몄는지를 잘 살펴보면 그곳이 추구하는 가치와 차별성을 이해하는 데 도움이 된다. 예를 들어 스페이스 신선의 경우 건물 외관이 화이트로 깨끗하다. 또한 하얀 블록들이 차곡차곡 쌓인 모습도 신비스럽다. 외관만으로도 신선이 살고 있을 것 같은 분위기를 풍겨서 신선설농탕과 잘 어울린다.

4. 서로 다른 업종 사람들과 함께 트립하라

비즈니스 트립은 다양한 관점에서 보는 것이 중요하다. 눈에 보이지 않는 핵심(본질)을 보려고 노력해야 하고, 다른 비즈니스와 무엇이 다른지, 비즈니스가 어떤 연결고리로 형성되고 확장되는지를 보고, 어떤 트렌드를 반영하고 있는지를 봐야 한다. 혼자라도 관점을 달리하면서 볼 수 있지만 여럿이 함께 가면 더 많은 것을 볼 수 있다. 모두가 똑같이 '차이'라는 관점에서 보더라도 저마다 해석하는 방법이 다르기 때문이다.

여럿이 함께 가도 트립을 하는 동안에는 다른 사람이 무엇을 봤는지 알 수가 없다. 보통 자신의 관점에서 보고 자기 비즈니스에 적용할 것을 찾기에도 바쁘다. 현장에서 트립을 한 효과를 톡톡히 얻으려면 트립을 마친 후 각자 찍은 사진을 단톡방에 올리고 순서대로 이야기를 하는 티타임을 갖는 것도 좋다. 각자 자신이 본 것을 이야기하다 보면 관점이 더욱 풍부해지고 미처 보지 못한 많은 것들을 다시 생각해볼 수 있다.

이왕이면 동종 업계 사람들끼리 가기보다 서로 다른 업종 사람들이 함께 가면 더 좋다. 성별이나 연령도 비슷하기보다는 다른 사람들이 함께 가야 더 많은 인사이트를 얻을 수 있다. 또한 내가 얻은 아이디어나 인사이트가 실현 가능성이 있는 것인지 객관적인 평가를 받아보는 것도 가능하다.

5. 한 번만 가지 말고 여러 번 가라

여행의 만족도는 의외로 많은 요소들이 복합적으로 작용해 결정된다. 분명히 많은 사람이 감동을 받은 장소인데도 정작 나는 아무런 감흥을 느끼지 못할 수도 있다. 여행이 단지 장소 자체만이 아니라 그날의 날씨, 기분, 건강상태, 함께 간 사람 등 다양한 요인에 의해 영향을 받기 때문이다.

비즈니스 트립도 마찬가지다. 꼭 가봐야 할 곳으로 수많은 사람이 추천했음에도 막상 가면 기대치에 미치지 못할 수가 있다. 실망하기에 앞서 나중에 기회가 되면 한 번 더 들러볼 것을 권한다. 전에는 보지 못했던 것들이 눈에 들어올 수 있다.

내가 어떤 생각을 갖고 보느냐에 따라 보이는 것은 계속 달라진다. 같은 영화를 어릴 때와 성인이 된 후 보는 느낌이 다른 것처럼 말이다. 어릴 때와 성인일 때는 생각의 깊이나 관심이 다르기 때문에 당연히 보이는 것도, 느끼는 것도 다르다.

6. 본 다음에는 꼭 내 비즈니스에 적용할 것을 찾아라

비즈니스 트립의 목적은 감탄하고 끝나는 것이 아니다. 실제적으로 자기 비즈니스에 도움이 되어야 한다. 그러려면 의식적으로 무엇을 적용할 수 있을지를 고민해야 한다. 찾으려고 노력하면 한 가지라도 꼭 적용할 만한 것이 있기 마련이다. 현지의 어떤 장소를 방문하든 내 눈길이 끌리는 포인트, 내 마음이 움직이는 포인트, 내 사업에 적용할 만한 포인트를 끊임없이 생각해보자.

여럿이 트립을 할 때는 다른 사람이 적용할 것을 찾아주는 경우도 흔하다. 그래서 함께 가는 비즈니스 트립이 더 매력적이다. 직접 방문해 관찰하고 나서 함께한 일행들과 의견을 나누다 보면 나와 다른 관점도 만나게 될 것이다. 인터넷상으로 검색해서 관련 글이나 기사를 읽어보아도 여러 관점을 만날 수 있다. 이러한 것을 흘려버리지 말고 내 비즈니스에 적용하는 것이 중요하다.

7. 항상 트렌드를 관찰하라

평소 비즈니스 인사이트에 대한 끊임없는 고민과 성찰이 없다면 트립을 간다고 해도 뭔가를 발견하기는 쉽지 않다. 아는 만큼 보인다는 것은 언제나 정답이다. 늘 나의 비즈니스 분야 트렌드를 관찰하고, 변화하는 시장의 흐름을 탐구하고, 현장에 가서는 무엇을 살펴봐야 할지를 생각해본다. 내가 이 책을 쓰는 동안에도 이 책에서 다루었던 공간들이 변화하여 몇 번이나 수정을 거듭했다.

비즈니스는 살아 있는 생물처럼 끊임없이 변화하기 때문에 꾸준한 관찰이 필요하다.

아무런 준비 없이 그냥 즐기면서 봐도 좋겠지만, 알고 보면 더 많은 것을 얻을 수 있다. 인터넷을 통해 기본적인 자료나 다른 사람들이 올려놓은 후기 등을 보고 가는 것이 좋다. 준비를 한 후 직접 보면 더 많은 것이 보이고, 간혹 잘못된 정보도 발견할 수 있다.

한
남
동

지
도

i 코스

>> **start**

블루스퀘어
- 북파크
- 투핸즈

#지자체코워킹
#네이밍스폰
#기부채납
#복합문화공간
#예술가의코워킹

용산공예관

#기업의사회적공헌
#시니어일자리창출
#스타마케팅 #체험학습
#장인들의플랫폼

패션파이브

#플래그십 버전UP
#100년기업
#메가프랜차이즈

사유

#포토존마케팅 #킬러콘텐츠
#뷰마케팅 #뷰상권분석

**스페이스
신선**

#기업가정신 #사회공헌활동
#사옥벤치마킹
#브랜드건물시각화

**스타벅스
리저브**

#온라인마켓 #모바일매출
#기프트콘사용처
#한정판PB상품
#리미티드에디션

**맥심
플랜트**

#공감각커피 #힐링스페이스
#쇼비즈니스
#도심속숲속커피공장

**현대카드
뮤직
라이브러리**

#리얼특별가 #문화리딩
#버스킹스테이지
#레트로데이트
#라이브러리전당

래코드

#업사이클링 #옷이아닌작품
#팝업매장 #샵앤샵

탭퍼블릭

#다품종소량시음
#소믈리에식음주문화
#新더치페이결제법

D&D

#오래살아남는것들의플랫폼
#감성소비 #롱라이프스타일
#뉴트로 #사랑방마케팅기획

information

한남동의 ❶느낌있고 트렌디한
문화공간과 브랜드들을
2~3분 거리마다 만나볼 수 있는
액티비티비즈니스 트립 코스

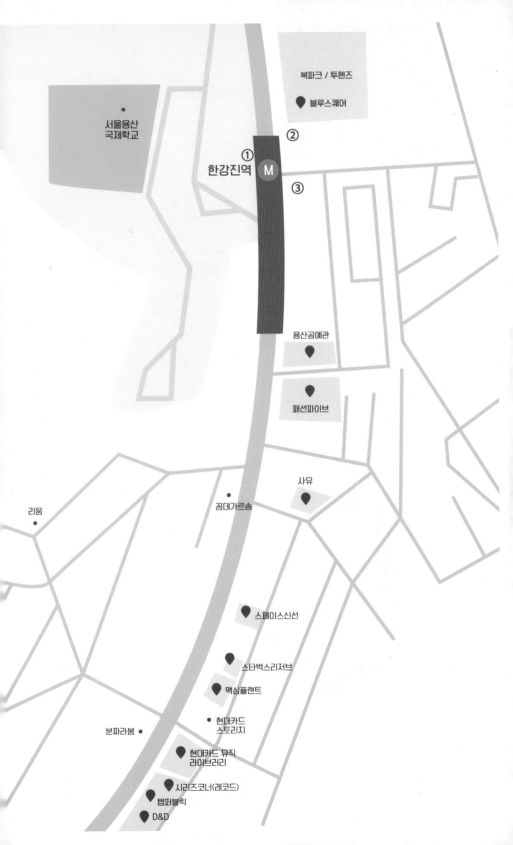

U코스

>> **start**

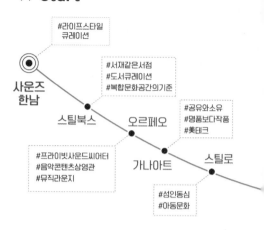

#라이프스타일
큐레이션

#서재같은서점
#도서큐레이션
#복합문화공간의기준

#공유와소유
#명품보다작품
#美테크

사운즈
한남

스틸북스

오르페오

스틸로

#프라이빗사운드씨어터
#음악콘텐츠상영관
#뮤직라운지

가나아트

#성인동심
#아동문화

information

예술이 일상이 되는 당신의 Ⓤ
라이프 스타일을 위한
액티비티비즈니스 트립 코스

사운즈한남 in
- 스틸북스
- 오르페오
- 가나아트
- 스틸로

📍 사운즈한남

순천향대병원

design by @amudesign

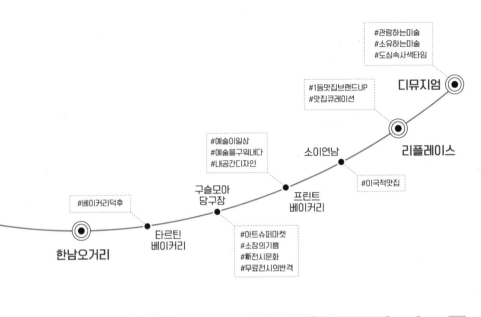

#관람하는미술
#소유하는미술
#도심속사색타임

디뮤지엄

#1등맛집브랜드UP
#맛집큐레이션

리플레이스

#예술이일상
#예술을구워내다
#내공간디자인

소이연남

#이국적맛집

**구슬모아
당구장**

**프린트
베이커리**

#베이커리덕후

#아트슈퍼마켓
#소장의기쁨
#新전시문화
#무료전시의반격

한남오거리

**타르틴
베이커리**

디뮤지엄 +리플레이스

한남더힐

소이연남

프린트 베이커리

한남리첸시아

구슬모아
당구장

스타벅스 리저브

타르틴
베이커리

한남오거리

폴바셋

갤러리
조은